INGLÊS PARA O ENEM

Amadeu Marques

INGLÊS PARA O ENEM

© 2014 Amadeu Marques
Preparação de texto: Larissa Lino Barbosa / Verba Editorial
Capa e Projeto gráfico: Alberto Mateus
Diagramação: Crayon Editorial
Assistente editorial: Aline Naomi Sassaki

Dados Internacionais de Catalogação na Publicação (CIP)
(Câmara Brasileira do Livro, SP, Brasil)

Marques, Amadeu
   Inglês para o ENEM / Amadeu Marques. -- Barueri, SP : DISAL, 2015.

   ISBN 978-85-7844-172-2

   1. ENEM - Exame Nacional do Ensino Médio 2. Inglês - Estudo e ensino I. Título.

14-13105   CDD-420.7

Índices para catálogo sistemático:
1. Inglês : Estudo e ensino 420.7

Todos os direitos reservados em nome de:
Bantim, Canato e Guazzelli Editora Ltda.

Alameda Mamoré 911 – cj. 107
Alphaville – BARUERI – SP
CEP: 06454-040
Tel. / Fax: (11) 4195-2811
Visite nosso site: www.disaleditora.com.br
Televendas: (11) 3226-3111

Fax gratuito: 0800 7707 105/106
E-mail para pedidos: comercialdisal@disal.com.br

Nenhuma parte desta publicação pode ser reproduzida, arquivada ou transmitida de nenhuma forma ou meio sem permissão expressa e por escrito da Editora.

Sumário

1   A Prova de Inglês no Enem 9

2   Vocabulário: Palavras transparentes, prefixos e sufixos 10

3   Vocabulário: Prefixo un-, sufixo -able 12

4   Vocabulário: O sufixo -ly 14

5   Vocabulário: Os sufixos -ment e -ness 16

6   Vocabulário: Os sufixos -less e -ful 18

7   Vocabulário: Em busca das *"transparent words"* 20

8   Vocabulário: Ainda os prefixos e sufixos 23

9   Vocabulário: Palavras-chave nos textos do Enem 25

10   Estratégias de Leitura: Identificando a *"topic sentence"* 28

11   Estratégias de Leitura: Praticando a identificação
da *"topic sentence"* 30

12   Estratégias de Leitura: Ainda a localização da *"topic sentence"* 32

13   Estratégias de Leitura: A *"topic sentence"* e as *"key words"* 34

14   Estratégias de Leitura: *Making Predictions* 36

15   Estratégias de Leitura: *Skimming* e *Finding the "topic sentence"* . . . 39

16   Estratégias de Leitura: *Scanning* 42

17   Estratégias de Leitura: *Getting Meaning from Context* 46

18   Estratégias de Leitura: *Identifying "True Friends"
and "False Friends"* 50

19   Estratégias de Leitura: *Reference Words* 54

20   Estratégias de Leitura: *Using Grammar
for Vocabulary Expansion* 59

21   Estratégias de Leitura: *Making Inferences* 63

22   Contextualização: Resposta ao Poeta 68

23   Estratégias de Leitura: Ainda a prática de identificação
da *"topic sentence"* 71

24   Estratégias de Leitura: *Skimming, topic sentences,
key words, making inferences* 76

25   Temas recorrentes e palavras-chave: *War and Peace* 82

    De olho no Enem – Enem 2014 85

    Respostas e Comentários 91

Apresentação
To Be Or Not To Be

Como todo mundo sabe, **that** *is the question*. Ser ou não ser. E se estivermos falando do Enem, ser bem-sucedido na prova de inglês é a grande questão. Estar bem preparado em todas as disciplinas é uma meta óbvia, mas um bom desempenho na prova de língua estrangeira, acertar as cinco questões dessa prova, rende pontos preciosos que podem *make all the difference* na definição por uma vaga no ensino superior.

Inglês para o Enem tem por objetivo a preparação específica para essa parte do exame. Este livro não é uma simples compilação de provas, mas uma espécie de *"road map"*, um guia de estudos, feito com base na análise dos 25 textos e respectivas questões das provas de inglês do Enem desde 2010. A partir dessa análise foi elaborado um roteiro de estudo e prática dos diferentes gêneros textuais, visando à ampliação do vocabulário pelo trabalho com prefixos e sufixos, o conhecimento e a aplicação das estratégias de leitura adequadas às questões propostas. Alguns desses textos e questões serão trabalhados em mais de um dos 25 "capítulos" que compõem este livro, já que eles permitem exploração por diferentes ângulos. A prova do Enem não apresenta questões específicas sobre aspectos gramaticais, embora seja pressuposto o conhecimento das estruturas básicas da língua, estudadas no Ensino Médio, por isso mesmo este *Inglês para o Enem* não inclui seções com aspectos gramaticais.

Uma das *questions* que surgem quanto à melhor estratégia para enfrentar a prova de inglês do Enem é esta: antes de tentar resolver as questões propostas para cada um dos textos, o que o candidato deve fazer: ler bem o texto, antes do enunciado e das alternativas em múltipla escolha? Ou, ao contrário, ler o enunciado e as alternativas antes do texto em si? O que os professores recomendam a seus alunos?

Cada cabeça, uma sentença, já dizia Vovó Generosa. Para os candidatos melhor preparados em inglês, a primeira opção parece ser a mais indicada, a mais natural, a que permite uma leitura mais segura do texto, voltando a ele mais vezes e por mais tempo, quando da escolha das opções corretas. Para os candidatos com menos prática de leitura em inglês, entretanto, a segunda opção pode dar melhor resultado, já que tanto o enunciado quanto as alternativas são apresentadas em português e antecipam informações que podem ser confirmadas em uma leitura atenta do texto.

1 A Prova de Inglês no Enem

A prova de inglês, incluída no Enem pela primeira vez em 2010, verifica se o candidato tem, entre outras competências exigidas, a de "conhecer e usar a língua estrangeira moderna como instrumento de acesso a informações e outras culturas e grupos sociais". Para tanto, o candidato é avaliado quanto à sua capacidade de interpretação do texto escrito, assim como a de relacionar o conteúdo específico da área com o de outras disciplinas (interdisciplinaridade) e conhecer assuntos relevantes para a sua formação como cidadão brasileiro e do mundo. O formato da prova tem se mantido o mesmo desde 2010: 5 textos curtos, que servem de base para questões de múltipla escolha com enunciado e alternativas em português, visando à interpretação do texto.

Para atingir competência na habilidade de leitura de textos escritos em inglês, o aluno precisa ter domínio das estruturas básicas da língua, um bom vocabulário, desenvolvido de forma extensiva ao longo de todo o Ensino Médio, através do trabalho com textos de diversos gêneros (artigos jornalísticos, literários, poemas, letras de música, cartuns, tirinhas), além do conhecimento das estratégias de leitura e sua aplicação adequada ao tipo de questões propostas sobre cada texto.

Neste *Inglês para o Enem* vamos, *little by little*, pouco a pouco, abordar cada um desses pontos, começando por

>

2 Vocabulário: **Palavras transparentes, prefixos e sufixos**

O significado de muitas palavras em inglês é facilitado quando a grafia (mas não a pronúncia) é igual à que usamos em português. Essas palavras são conhecidas como "*transparent words*", palavras transparentes. Como estas: *material, atlas, universal, drama, animal, zero, envelope, capital.*

É curioso observar que muitas delas terminam em -*al*: *normal, cultural, oral, final, banal, maternal.*

É claro que a pronúncia não é a mesma, mas em textos escritos essa diferença é irrelevante para o reconhecimento do significado.

Muitas outras têm apenas ligeiras diferenças na grafia. Assim, em português acrescenta-se um *a, e* ou *o* a algumas palavras inglesas:

(em português: + a)
poem, problem, planet, artist, dentist, map
(em português: + e)
client, part, important, transparent, recent, present, class
(em português: + o)
context, moment, liquid, text, progress, concert

Ou então muda-se a vogal final, de *e* para *a* ou *o*
complete, positive, negative, minute, false

Em inglês a terminação -*ty* geralmente corresponde a -*dade* em português:
opportunity, community, university, curiosity, society, variety, quantity, quality, nationality

Em inglês a terminação -*ation, -ition* ou -*ission* geralmente corresponde a -*ação* ou -*ição* em português:
nation, situation, frustration, irritation, information, administration, condition, definition, repetition, mission, emission, permission

A terminação inglesa *-ous* geralmente corresponde a *-oso* ou *-osa* em português:

generous, delicious, famous, precious, anxious, mysterious, pompous

A terminação inglesa *-ance* geralmente corresponde a -ância em português:

ignorance, importance, relevance, abundance, arrogance, insignificance

A terminação inglesa *-ence* geralmente corresponde a -ência em português:

evidence, independence, conference, eminence, insistence, persistence, interference, inteligence

⋮ DE OLHO NO ENEM

Reproduzimos a seguir a parte inicial do texto que serviu de base para a questão 93 do Enem 2010. Traduza as palavras sublinhadas.

The Weather Man

They say that the British love talking about the weather. For other nationalities this can be a banal and boring subject of conversation, something that people talk about when they have nothing to say to each other. And yet the weather is a very important part of our lives. (...)

As respostas e comentários estão a partir da p. 91

>

3 Vocabulário: Prefixo un-, sufixo -able

Muitas palavras em inglês, como acontece em muitas línguas, são formadas com prefixos ou sufixos, às vezes até com os dois. Reconhecer o sentido de cada um desses afixos contribui para a construção do vocabulário e ajuda a compreensão do texto. Saber o sentido do prefixo *un-* e do sufixo *-able*, por exemplo, muito frequentes na formação de adjetivos, ajuda a compreender o que é *uneatable*. *Un + eat + able*: in + comer + ável/ível. Como as palavras não aparecem soltas, mas em um contexto, fica mais fácil saber o significado de *uneatable* quando ela aparece em uma frase, por exemplo:

*The food was not good to eat. It was **uneatable**.*
O que significa *uneatable*?
a. Comestível.   **b. Difícil de comer.**   **c. Intragável.**

Observe os verbos dados abaixo:

accept: aceitar	bear: suportar, tolerar
avail: dispor, tornar acessível	beat: bater, derrotar
avoid: evitar	predict: prever
believe: acreditar	touch: tocar

Agora complete as frases com os adjetivos adequados e traduza-os.

1   Sally is totally _____ You never know what she is going to do.
a. unbeatable   **b. unpredictable**   **c. unavoidable**

2   That kind of attitude is _____ I never knew he could be so unreasonable.
a. unfavorable   **b. unbelievable**   **c. understandable**

3   Death and taxes are _____
a. unavoidable   **b. unavailable**   **c. unacceptable**

4 No other athlete seems to run as fast as Usain Bolt at the moment. He looks _____

a. unbearable   b. unbeatable   c. unavoidable

5 It was summer in Rio and the heat was almost _____

a. unavailable   b. unpredictable   c. unbearable

6 I will not sign that contract. Its terms are totally _____

a. unacceptable   b. untouchable   c. unbeatable

7 "I'm sorry, sir, that product is _____ at the moment. It is impossible to obtain."

a. unbeatable   b. unavailable   c. unbearable

8 No one got hurt in that accident. It seems _____, but it's true.

a. unavoidable   b. unacceptable   c. unbelievable

⦂ DE OLHO NO ENEM

A questão 95 do Enem 2013 apresenta uma tirinha do Calvin and Hobbes. Em um dos balões de fala do Calvin, o garoto reclama da sociedade, em um discurso repleto de palavras longas e difíceis, algumas das quais incluem o prefixo *un-* e o sufixo *-able*. Observe as palavras do quadro abaixo, depois as que estão em destaque na fala do Calvin e dê as correspondentes em português.

> *impression*: impressão;   *wholesome*: salutar, saudável;
> *develop*: desenvolver

"Right! Being young and **impressionable,** I'm the helpless victim of countless bad influences! An **unwholesome** culture panders to my **undeveloped** values and pushes me to maleficence."

4 Vocabulário: O sufixo -ly

Visando ao desenvolvimento do vocabulário, continuamos o estudo de sufixos em inglês, comparando-os com os que usamos em português. Observamos que:

Em inglês a terminação -ly é geralmente usada para formar advérbios de modo e corresponde a -mente em português:
normally, finally, terribly, enormously, strangely, morally

Mas a mesma terminação -ly pode ser encontrada em muitos adjetivos, formados a partir de substantivos + ly, como:
friend: amigo/a; friendly: amistoso/a

Dê o significado das locuções em destaque abaixo:
love: amor; *a lovely experience*:
brother: irmão; *brotherly love*:
heaven: céu; *heavenly bodies*:

⁝ DE OLHO NO ENEM

Em um trecho da questão 91 do Enem 2010 (2ª. aplicação) encontramos dois advérbios compostos com prefixo e sufixo já estudados. Se soubermos o significado de *doubt* (dúvida; duvidar) e de *usual* (usual, geral), usando o nosso conhecimento de sufixos e apoiados no contexto, podemos traduzir os dois advérbios em destaque:

The record industry is **undoubtedly** in crisis, with labels laying off employees in continuation. This is because CD sales are plummetting as youngsters prefer to download their music from the Internet, **usually** free of charge.

Em dois trechos da questão 93 da mesma prova, encontramos dois advérbios também compostos com o sufixo -ly. *Synonymous* é a forma adjetiva de "sinônimo", *especial* é palavra transparente. Apoiando-se no contexto, traduza os dois advérbios em destaque:

(...) The term rap is often used **synonymously** with hip hop, but hip hop denotes the practices of an entire subculture.
Brazilian hip hop is one of the world's major hip hop scenes, with active rap, break dance, and grafitti scenes, **especially** in São Paulo (...)
E a palavra *likely* merece atenção especial. Ela pode ser um adjetivo (= *probable*) ou um advérbio (= *probably*). Essa palavra aparece em um trecho da questão 91 do Enem 2011.
(...) people who leave school before the age of 16 are five times more ***likely*** to suffer a heart attack and die than university graduates. Qual é o significado de *likely*, nesse contexto?

›

5 Vocabulário: Os sufixos -ment e -ness

Continuamos o estudo de sufixos.

Em inglês a terminação -*ment* é geralmente usada para, a partir de verbos, formar substantivos abstratos, correspondendo a -*mento* em português, mas também pode ter outras terminações:

Dê o significado dos substantivos em destaque abaixo:
develop: desenvolver; ***development***:
improve: melhorar; ***improvement***:
judge: julgar: ***judgment***, ***judgement***:
move: mover; ***movement***:
govern: governar; ***government***:
manage: gerir, administrar: ***management***:
measure: medir; ***measurement***:

Em inglês a terminação -*ness* é geralmente usada para, a partir de adjetivos, formar substantivos abstratos e corresponde a diversas terminações, em português. Aqui é importante não confundir o sufixo -*ness* com o sufixo -*less*, usado para a formação de adjetivos, que veremos no tópico 6, a seguir.

Dê o significado dos substantivos abaixo:
sweet: doce; ***sweetness***:
dark: escuro; ***darkness***:
sad: triste: ***sadness***:
happy: feliz; ***happiness***:

: DE OLHO NO ENEM

Na questão 94 da prova do Enem de 2010, em referência a uma das metas de desenvolvimento do milênio, encontramos a frase

"A global partnership for development."

Nessa frase há três palavras compostas com sufixos. Você consegue identificar esses sufixos?

Escolha a melhor tradução para a frase em destaque acima.
a. Uma parceria global para o desenvolvimento.
b. Um navio de sócios para o desenvolvimento global.
c. Desenvolvimento de uma parceria global.

⋮ DE OLHO NO ENEM

Reproduzimos a seguir um trecho da questão 94 do Enem 2013. Traduza as palavras sublinhadas.

<u>Simple</u> things YOU can do to <u>celebrate</u> the World <u>Day</u> for <u>Cultural Diversity</u> for <u>Dialogue</u> and <u>Development</u> on May 21.

›

6 Vocabulário: Os sufixos -less e -ful

Continuamos o estudo de sufixos. Agora alguns adjetivos em que o sufixo -less indica "sem, desprovido/a de", em contraste com o sufixo -ful, que indica "com, abundante em":

a leafless tree: uma árvore sem folhas
a lawless town: uma cidade sem lei
a meaningless reaction: uma reação sem sentido
Em contraste com:
a beautiful garden: um belo jardim
a peaceful meeting: uma reunião pacífica
a painful operation: uma operação dolorosa

E ainda há palavras em que podemos encontrar os dois sufixos: *-less* e *-ness*. O primeiro forma o adjetivo, indicando "sem, desprovido de", o segundo torna a palavra um substantivo em que essa ideia tem sentido abstrato. Assim, concluímos que
a selfish person só pensa em si, é egoísta, enquanto *a selfless person* seria o oposto, alguém que não pensa só em si, é altruísta.

Nas frases a seguir, escolha a melhor tradução para cada uma das palavras destacadas:

1   Mother Teresa is a good example of a life of *selflessness* to the community.
   a. egoísmo   **b. santidade**   **c. altruísmo**

2   It was clear that the enemy was much stronger and *hopelessness* had invaded our soldiers' hearts.
   a. desesperança   **b. desespero**   **c. esperança**

3. We had no news of the plane's arrival and *restlessness* made me walk up and down the lounge.

a. pressa **b. impaciência** **c. descanso**

⁝ DE OLHO NO ENEM

Voltamos à questão 95 do Enem 2013, a da tirinha do Calvin and Hobbes. Em um dos balões de fala do Calvin, o garoto reclama da sociedade, em um discurso repleto de palavras longas e difíceis, em duas das quais podemos encontrar o sufixo *-less*. Observe as palavras em destaque, apoie-se no contexto e dê as correspondentes em português.

"Right! Being young and impressionable, I'm the **helpless** victim of **countless** bad influences! "

❯

7 Vocabulário: Em busca das "transparent words"

O reconhecimento de cognatos, as chamadas palavras transparentes, obviamente facilita muito a compreensão do texto. No texto que serviu de base à questão 94 do Enem 2013, é possível encontrar um grande número de *transparent words*. Leia o texto e depois traduza esses cognatos.

Do one thing for diversity and inclusion

The United Nations Alliance for Civilizations (UNAOC) is launching a campaign at engaging people around the world to *Do One Thing* to support Cultural Diversity and inclusion. Every one of us can do ONE thing for diversity and inclusion, even one very little thing can become a global action if we all take part in it.

Simple Things YOU can do to celebrate the World Day for Cultural Diversity for Dialogue and Development on May 21.

1. Visit an art exhibit or a museum dedicated to other cultures.
2. Read about the great thinkers of other cultures.
3. Visit a place of worship different than yours and participate in the celebration.
4. Spread your own culture around the world and learn about other cultures.
5. Explore music of a different culture.

There are thousands of things that you can do, are you taking part in it?

United Nations Alliance of Civilizations.
Disponível em www.unaoc.org. Acesso em 16 fev 2013 (adaptado)

diversity:	inclusion:	United:
Nations:	alliance:	civilizations:
campaign:	cultural:	global:
action:	part:	simple:
celebrate:	dialogue:	visit:
art:	museum:	dedicated:
cultures:	different:	participate:
celebration:	explore:	music:

Nesse texto encontramos um falso cognato, uma daquelas palavras que "parecem, mas não são ..."

No trecho ... "The UNAOC is launching a campaign aimed at engaging people around the world to *Do One Thing* to support Cultural Diversity and inclusion", a palavra *support* significa:

1 suportar, tolerar, aguentar
2 sustentar, pagar as despesas de
3 apoiar, dar suporte a

DE OLHO NO ENEM

Resolva a questão 94 da prova do Enem 2013, proposta sobre o texto Do one thing for diversity and inclusion:

Internautas costumam manifestar suas opiniões sobre artigos *on-line* por meio da postagem de comentários. O comentário que exemplifica o engajamento proposto na quarta dica da campanha apresentada no texto é:

a. "Lá na minha escola, aprendi a jogar capoeira para uma apresentação no Dia da Consciência Negra."

b. "Outro dia assisti na TV a uma reportagem sobre respeito à diversidade. Gente de todos os tipos, várias tribos. Curti bastante."

c. "Eu me inscrevi no Programa Jovens Embaixadores para mostrar o que tem de bom em meu país e conhecer outras formas de ser."

d. "Curto muito bater papo na internet. Meus amigos estrangeiros me ajudam a aperfeiçoar minha proficiência em língua estrangeira."

e. "Pesquisei em sites de culinária e preparei uma festa árabe para uns amigos da escola. Eles adoraram, principalmente os doces!"

›

8 Vocabulário: Ainda os prefixos e sufixos

Voltamos a trabalhar as palavras formadas com prefixos e sufixos.

un- (expressa negação: usado com muitos adjetivos, alguns substantivos, advérbios e verbos)

uncertain, uncertainty, undoubtedly, uncover

mal- (corresponde a mau/má ou mal: usado com alguns substantivos, adjetivos e verbos)

malnutrition, malformed, maltreat, malfunction

-able (é usado com muitos verbos e alguns substantivos para formar adjetivos que correspondem a -ável ou -ível, em português)

enjoyable, visible, comfortable, unbreakable

-less (é usado com muitos substantivos para expressar "sem, ausência de" (oposto do sufixo **-ful**)

noiseless, careless, harmless, painless

Complete as frases abaixo com palavras formadas pelos prefixos un- ou mal- e pelos sufixos -able ou -less. Escolha entre as palavras do box.

hopeless – uncomfortable – malnutrition – unforgettable – homeless

1 During the droughts in Sudan many children suffered from _____

2 How many _____ people do you think live on São Paulo streets?

3 Our trip to the Amazon will be remembered forever. It was an _____ experience.

4 I did not know anyone at the party and I felt very _____

5 The enemy was much stronger and there was no chance of winning. It was a _____ situation.

⦂ DE OLHO NO ENEM

Voltamos à questão 94 da prova do Enem 2013, a que apresenta uma tirinha do Calvin and Hobbes. Reproduzimos a fala do Calvin no segundo quadrinho. Observe essa fala e combine as colunas abaixo, encontrando as palavras em destaque, todas formadas com prefixos e sufixos.

Calvin: "Right! Being young and **impressionable**, I'm the **helpess** victim of **countless** bad influences! An **unwholesome** culture panders to my **undeveloped** values and pushes me to **maleficence**."

1. undeveloped
2. countless
3. impressionable
4. maleficence
5. helpless
6. unwholesome

a. não saudável, perniciosa
b. desamparada, indefesa
c. inúmeras
d. subdesenvolvidos
e. maleficência, maldade
f. impressionável

›

9 Vocabulário: **Palavras-chave nos textos do Enem**

Continuando o trabalho de pesquisa do vocabulário encontrado nos textos das provas do Enem desde 2010, apresentamos as *key-words*, as palavras-chave desses textos. Elas constam dos exercícios a seguir, divididos pela classe gramatical. Começamos pelos substantivos. Encontre o substantivo em português que corresponde a cada *noun* na coluna da esquerda e escreva a letra na lacuna.

____ 1. boundaries   a. declaração, afirmação

____ 2. shortage   b. distúrbios, tumultos

____ 3. freedom   c. meta, objetivo

____ 4. goal   d. sócio/a

____ 5. novel   e. lei

____ 6. publisher   f. escassez, falta de

____ 7. law   g. limites, fronteiras

____ 8. statement   h. liberdade

____ 9. partner   i. editor(a)

____ 10. riots   j. romance

Agora encontre o adjetivo em português que corresponde a cada *adjective* na coluna da esquerda e escreva a letra na lacuna. Todos esses *adjectives* apareceram nos textos das provas do Enem.

____ 1. dead   a. mais feliz

____ 2. darker   b. belo, bonito

____ 3. strong   c. morto

____ 4. likely   d. maior

____ 5. happier   e. forte

____ 6. greater   f. duro; difícil

____ 7. beautiful   g. mais escuro

26 • Inglês para o Enem

____ 8. ashamed h. propenso; provável
____ 9. delighted i. deliciado, encantado
____ 10. tough j. envergonhado

Encontre o verbo ou a locução verbal em português que corresponde a cada *verb phrase* na coluna da esquerda e escreva a letra na lacuna.
Todas essas *verb phrases* apareceram nos textos das provas do Enem.

____ 1. roll the dice a. varrer as ruas
____ 2. break the law b. evitar duplas negativas
____ 3. rule the world c. sentir o medo
____ 4. avoid double negatives d. lançar os dados
____ 5. eat in the kitchen e. enfrentar
____ 6. feel the fear f. cruzar a linha, exceder-se
____ 7. get to grips g. infringir a lei
____ 8. sweep the streets h. mandar no mundo
____ 9. cross the line i. ficar forte
____ 10. grow strong j. comer na cozinha

Encontre a locução nominal em português que corresponde a cada
noun phrase na coluna da esquerda e escreva a letra na lacuna. Todas
essas *noun phrases* apareceram nos textos das provas do Enem.

____ 1. the power of love a. um lugar de adoração
____ 2. a risk of dying b. boatos de guerra
____ 3. a subject of conversation c. uma quantidade de morfina
____ 4. a place of worship d. um problema de superlotação
____ 5. pillars of sand e. um assunto de conversa
____ 6. a shortage of respect f. pilares de sal
____ 7. pillars of salt g. pilares de areia
____ 8. rumors of war h. o poder do amor
____ 9. a problem of overcrowding i. uma falta de respeito
____ 10. an amount of morphine j. um risco de morrer

Encontre a locução nominal em português que corresponde a cada *noun phrase* na coluna da esquerda e escreva a letra na lacuna. Todas essas *noun phrases* apareceram nos textos das provas do Enem.

____ 1. prison blaze
____ 2. postcard stamp
____ 3. gender equality
____ 4. child mortality
____ 5. weather forecast
____ 6. heart disease
____ 7. air pollution
____ 8. computing giants
____ 9. university graduates
____ 10. human rights official

a. igualdade entre homens e mulheres
b. mortalidade infantil
c. autoridade em direitos humanos
d. formados em universidade
e. gigantes da informática
f. incêndio na prisão
g. selo de cartão-postal
h. poluição do ar
i. doença cardíaca
j. boletim meteorológico

>

10 Estratégias de Leitura: Identificando a *"topic sentence"*

Na ideia central de um parágrafo podemos encontrar o ponto mais importante que o autor do texto faz sobre o assunto (o *"topic"*). A *"topic sentence"*, também chamada *"main idea sentence"* é muitas vezes a primeira frase de cada parágrafo e resume o assunto. É muito importante, portanto, focar a atenção na primeira frase de cada parágrafo, aplicando-se a estratégia de leitura chamada *"skimming"*, uma leitura rápida para se encontrar a ideia principal. Em várias provas do Enem, a opção que responde corretamente à questão pode ser encontrada na *"topic sentence"*.

Reproduzimos, agora na íntegra, a questão 93 do Enem 2010. Identifique a *topic sentence* e escolha a opção que tem essa sentença como base.

⦂ DE OLHO NO ENEM

The Weather Man

They say that the British love talking about the weather. For other nationalities this can be a banal and boring subject of conversation, something that people talk about when they have nothing to say to each other. And yet the weather is a very important part of our lives. That at least is the opinion of Barry Gromett, press officer for the Met Office. This is located in Exeter, a pretty cathedral city in the southwest of England. Here employees – and computers – supply weather forecasts for much of the world.

Speak Up. Anno XXIII, no. 275

Ao conversar sobre a previsão do tempo, o texto mostra

a. o aborrecimento do cidadão britânico ao falar sobre banalidades.

b. a falta de ter o que falar em situações de avaliação de línguas.

c. a importância de se entender sobre meteorologia para falar inglês.

d. as diferenças e as particularidades culturais no uso de uma língua.

e. o conflito entre diferentes ideias e opiniões ao se comunicar em inglês.

Conseguiu identificar a *"topic sentence"* nesse texto?

E qual é a alternativa que expressa as diferenças e as particularidades culturais no uso de uma língua?

>

11 Estratégias de Leitura: Praticando a identificação da *"topic sentence"*

Conseguir localizar a *topic sentence* é muito importante para chegarmos à escolha da alternativa correta para cada questão, principalmente em textos curtos como os do Enem. No caso da questão 91 do Enem 2011, essa escolha é facilitada pelo fato do texto ter apenas um parágrafo.

⁚ DE OLHO NO ENEM

Going to university seems to reduce the risk of dying from coronary heart disease. An American study that involved 10,000 patients from around the world has found that people who leave school before the age of 16 are five times more likely to suffer a heart attack and die than university graduates.

(fonte: World Report News, Magazine Speak Up, Ano XIV, n. 170. Editora Camelot, 2011)

Em relação às pesquisas, a expressão *university graduates* evidencia a intenção de informar que

a. as doenças do coração atacam dez mil pacientes.

b. as doenças do coração ocorrem na faixa dos dezesseis anos.

c. as pesquisas sobre doenças são divulgadas no meio acadêmico.

d. jovens americanos são alertados dos riscos de doenças do coração.

e. maior nível de estudos reduz riscos de ataques do coração.

Foi muito fácil identificar a *topic sentence* nesse texto, não?
E qual é a alternativa que expõe uma clara relação de causa e efeito entre o nível de formação escolar e um menor risco de morte por ataque cardíaco?
Agora vamos tentar identificar a *topic sentence* em um texto mais longo. No caso da questão 91 do Enem 2013, que tem por base uma notícia, a *topic sentence* é antecipada na própria manchete, o que facilita a escolha da alternativa correta para resolver a questão.

⁝ DE OLHO NO ENEM

After prison blaze kills hundreds in Honduras,
UN warns on overcrowding

15 FEBRUARY 2012

A United Nations human rights official today called on Latin American countries to tackle the problem of prison overcrowding in the wake of an overnight fire at a jail in Honduras that killed hundreds of inmates. More than 300 prisoners are reported to have died in the blaze at the prison, located north of the capital, Tegucigalpa, with dozens of others still missing and presumed dead. Antonio Maldonado, human rights adviser for the UN system in Honduras, told UN Radio today that overcrowding may have contributed to the death toll. "But we have to wait until a thorough investigation is conducted so we can reach a precise cause," he said. "But of course there is a problem of overcrowding in the prison system, not only in this country, but also in many other prisons in Latin America."

Disponível em www.un.org. Acesso em: 22 fev. 2012 (adaptado)

Os noticiários destacam acontecimentos diários, que são veiculados em jornal impresso, rádio, televisão e internet. Nesse texto, o acontecimento reportado é a

- **a.** ocorrência de um incêndio em um presídio superlotado em Honduras.
- **b.** questão da superlotação nos presídios em Honduras e na América Latina.
- **c.** investigação da morte de um oficial das Nações Unidas em visita a um presídio.
- **d.** conclusão do relatório sobre a morte de mais de trezentos detentos em Honduras.
- **e.** causa da morte de doze detentos em um presídio superlotado ao norte de Honduras.

12 Estratégias de Leitura: Ainda a localização da *"topic sentence"*

Vamos continuar procurando identificar as *topic sentences* de cada parágrafo. Localizando essa frase, será fácil relacioná-la com as alternativas propostas e responder corretamente à questão. Vamos praticar com mais uma questão, a 93, da prova do Enem 2011.

DE OLHO NO ENEM

How's your mood?

For an interesting attempt to measure cause and effect try Mappiness, a project run by the London School of Economics, which offers a phone app that prompts you to record your mood and situation.
The Mappiness website says: We're particularly interested in how people's happiness is affected by their local environment - air pollution, noise, green spaces and so on - which the data from Mappiness will be absolutely great for investigating. Will it work?
With enough people, it might. But there are other problems. We've been using happiness and well-being interchangeably. Is that OK? The difference comes out in a sentiment like: "We were happier during the war." But was our well-being greater then?

Disponível em: www.bbc.co.uk. Acesso em 7 nov. 2011. Texto adaptado.

O projeto Mappiness, idealizado pela London School of Economics, ocupa-se do tema relacionado

a. ao nível de felicidade das pessoas em tempo de guerra.
b. à dificuldade de medir o nível de felicidade das pessoas a partir do seu humor.
c. ao nível de felicidade das pessoas enquanto falam ao celular com seus familiares.
d. à relação entre o nível de felicidade das pessoas e o ambiente no qual se encontram.
e. à influência das imagens grafitadas nas ruas no aumento do nível de felicidade das pessoas.

Conseguiu identificar a *topic sentence* nesse texto?
E qual é a alternativa em que se fala claramente de como o nível de felicidade das pessoas pode ser afetado pelo ambiente em que vivem?

›

13 Estratégias de Leitura: A *"topic sentence"* e as *"key words"*

A questão 92 da primeira prova de inglês do Enem (2010) teve como base um fragmento da canção "Viva la Vida", composta por Chris Martin, do conjunto inglês Coldplay. Vamos mais uma vez procurar identificar a *topic sentence*, desta vez não apenas uma frase, mas as quatro primeiras linhas do poema. Vamos também focar a nossa atenção nas palavras-chave desse início da letra de música e assim poderemos chegar à resposta correta da questão.

⦂ DE OLHO NO ENEM

Viva la Vida

I used to rule the world
Seas would rise when I gave the word
Now in the morning and I sleep alone
Sweep the streets I used to own

I used to roll the dice
Feel the fear in my enemy's eyes
Listen as the crowd would sing
"Now the old king is dead! Long live the king!"

One minute I held the key
Next the walls were closed on me
And I discovered that my castles stand
Upon pillars of salt and pillars of sand
(...)

MARTIN, C. *Viva la vida*, Coldplay.
In: *Viva la vida or Death and all his friends*, Parlophone, 2008

Letras de músicas abordam temas que, de certa forma, podem ser reforçados pela repetição de trechos ou palavras. O fragmento da canção "Viva la vida", por exemplo, permite conhecer o relato de alguém que

a. costumava ter o mundo a seus pés e, de repente, se viu sem nada.

b. almeja o título de rei e, por ele, tem enfrentado inúmeros inimigos.

c. causa pouco temor a seus inimigos, embora tenha muito poder.

d. limpava as ruas e, com seu esforço, tornou-se rei de seu povo.

e. tinha a chave para todos os castelos nos quais desejava morar.

›

14 Estratégias de Leitura: *Making Predictions*

Essa estratégia consiste em fazer previsões ou formular hipóteses sobre o gênero e o conteúdo de um texto, ativando seu conhecimento prévio sobre o assunto e facilitando a sua compreensão. Assim:

1   Leia o título do texto, observe o seu layout, as imagens, os gráficos que eventualmente o acompanham, as palavras em destaque (sublinhadas, ou em negrito ou em letras maiúsculas) e a fonte do texto.

3   A partir dessas observações, levante hipóteses sobre o seu conteúdo. Tente prever o assunto, imagine o vocabulário que provavelmente aparecerá no texto.

5   Ao observar o layout e a fonte do texto tente inferir qual parece ser o seu gênero: um artigo jornalístico, um texto publicitário, um trecho biográfico, um relatório científico, um poema, um anúncio, uma receita culinária, uma lista de instruções, a capa de um livro ou uma revista, um blog etc.

6   Com base no conhecimento prévio que possui sobre o tema, o tipo de texto ou a partir da observação de imagens, tente antecipar palavras que aparecerão no texto, discuta o tema e forme um repertório que possibilite uma melhor compreensão do que será lido.

7   Confirme as previsões com a leitura.

Para praticar a aplicação da estratégia de *Making Predictions*, faça previsões sobre o gênero textual e o tópico da imagem abaixo. Ela faz parte de uma campanha publicitária patrocinada pela Chevron em 2011.

Qual é esse gênero textual? Qual o objetivo ?
Qual é o tempo verbal usado na frase exibida nas fotos?
O que isso expressa?

Continue praticando essa estratégia, agora com a imagem abaixo.

Qual é o gênero textual?
Que nível de informação ele apresenta, acadêmica ou popular?
O nome da publicação está destacado: **FYI**. O que você prevê que essa sigla represente?

a. From Yesterday Ideas
b. For Your Information
c. For Young Intelligence

Cite, em português, uma das três "*curious questions*" a que essa publicação responde.

DE OLHO NO ENEM

Agora aplique a mesma estratégia para resolver a questão 92 do Enem 2011. Observe e faça previsões sobre o gênero textual e o seu assunto. Repare na linguagem não verbal e nas palavras transparentes. Leia o enunciado com atenção pois ele fornece informações contextualizadas e escolha a opção que o completa corretamente.

Na fase escolar é prática comum que os professores passem atividades extraclasse e marquem uma data para que as mesmas sejam entregues para correção. No caso da cena da charge, a professora ouve uma estudante apresentando argumentos para

a. discutir sobre o conteúdo do seu trabalho já entregue.
b. elogiar o tema proposto para o relatório solicitado.
c. sugerir temas para novas pesquisas e relatórios.
d. reclamar do curto prazo para entrega do trabalho.
e. convencer de que fez o relatório solicitado.

15 Estratégias de Leitura: *Skimming* e *Finding the "topic sentence"*

Skimming é uma estratégia de leitura que visa à identificação da ideia principal do texto, muitas vezes contida na chamada *topic sentence* ou *main idea sentence*. As duas estratégias estão, portanto, associadas.

Na ideia central de um parágrafo podemos encontrar o ponto mais importante que o autor do texto faz sobre o assunto (*topic*) desse parágrafo, muitas vezes sobre o assunto de todo o texto. A *topic sentence* é muitas vezes a que inicia o parágrafo. Quando se aplica a estratégia de *skimming* é, portanto, muito importante focar a atenção principalmente nas primeiras e nas últimas frases de cada parágrafo.

Leia o texto abaixo, aplicando as estratégias de leitura já estudadas.

The Portuguese Language Museum
The Portuguese Language Museum is located in the downtown area of São Paulo city inside Luz Train Station. Luz Train Station is an imposing 1901 English construction building, which shows a surprising mix of new and old architectural features. The museum's modern facilities are in complete harmony with the train station's Victorian architecture style. The Portuguese Language Museum is the only museum in the world dedicated to only one language, in this case the Portuguese language. Inaugurated in March 2006, the

museum has three main halls. There is a temporary exhibition hall, a permanent exhbition hall and an auditorium.

In the permanent exhibition hall, you can see the history and development of the Portuguese language; what it was like in the past and the changes it has undergone in Brazil, including its cultural expressions and regional accents.

The museum also shows temporary exhibitions dedicated to writers and important subjects related to the Portuguese language.

The museum is a must-see to those who live in or visit São Paulo. Until now, almost two million people have visited our exhibitions.

When you visit the museum you will find people who speak English, French, and Spanish. If you feel interested, contact us before your visit.

Adapted from http://www.museulinguaportuguesa.org.br/info_ingles.php. Access: 23 Feb. 2014

Encontre no texto 30 palavras transparentes, sem contar as repetições. Qual é o tema central do texto?

DE OLHO NO ENEM

Como exemplo de aplicação da estratégia de *Skimming*, reproduzimos a questão 95 da prova do Enem 2012, feita a partir de uma cita-

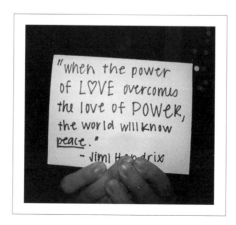

ção de Jimi Hendrix. Leia o enunciado com atenção pois ele fornece informações contextualizadas e escolha a opção que o completa corretamente.

Aproveitando-se de seu status social e da possível influência sobre seus fãs, o famoso músico Jimi Hendrix associa, em seu texto, os termos *love*, *power* e *peace* para justificar sua opinião de que

a. a paz tem o poder de aumentar o amor entre os homens.

b. o amor pelo poder deve ser menor do que o poder do amor.

c. o poder deve ser compartilhado entre aqueles que se amam.

d. o amor pelo poder é capaz de desunir cada vez mais as pessoas.

e. a paz será alcançada quando a busca pelo poder deixar de existir.

>

16 Estratégias de Leitura: *Scanning*

A atividade de *scanning* distingue-se da que chamamos *skimming*, por ser uma estratégia de leitura que não visa apenas à ideia principal do texto, e sim à localização de informações específicas. Quando buscamos encontrar, por exemplo, o nome de uma pessoa em uma longa lista, uma determinada data ou número, certo ingrediente em uma receita, fazemos uso de *scanning*. Para aplicação dessa estratégia, seguimos os seguintes passos:

- Ler o enunciado das questões propostas sobre o texto, antes mesmo de o ler. Nas provas do Enem, esse enunciado e as alternativas em múltipla escolha são apresentados em português, com isso antecipando informações que podem ser confirmadas em uma leitura atenta do texto. Se a questão cobrar uma informação específica, é adequada a estratégia de *scanning*.
- Ler o título do texto, o subtítulo, eventualmente o texto de abertura, fazer previsões sobre o assunto.
- Fazer uma leitura rápida, em busca da informação específica.
- Voltar às questões propostas, definindo as alternativas que contém as respostas às informações específicas.
- Fazer uma segunda leitura, ainda sem se preocupar com palavras desconhecidas e confirmar as respostas.

Como exemplo de aplicação da estratégia de *scanning*, leia o texto abaixo e encontre as informações específicas:

One-third of Americans reject human evolution
Jessica Durando, USA TODAY Network 11:49 p.p. EST December 30, 2013

While nearly two-thirds of Americans say humans have evolved over time, a third of U.S. adults disagree, according to new survey results from the Pew Research Center.

The Pew Research Religion & Public Life Project report released Monday found that 33% think "humans and other living things have existed in their present form since the beginning of time." Sixty percent agreed with evolution.

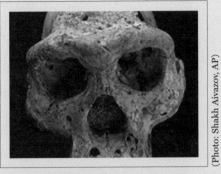

Among those who agree with human evolution, about half attribute it to "natural processes such as natural selection." Whereas 24% of adults say "a supreme being guided the evolution of living things."

(Abridged from: http://www.usatoday.com/story/news/station-now/2013/12/30/pew-research--human-evolution-survey/4258083/. Access: 25 Feb. 2014.

Em dezembro de 2013 foi divulgado o resultado de uma pesquisa feita nos Estados Unidos. Qual era o foco dessa pesquisa?

Use a estratégia de *scanning* para encontrar as seguintes informações:

1 Nome do centro de estudos que realizou a pesquisa.
2 Fração de norte-americanos que rejeitam a teoria de evolução humana.
3 Porcentagem de norte-americanos adultos que acreditam ter a humanidade e outros seres vivos existido na sua forma atual desde o princípio dos tempos.
4 Porcentagem de norte-americanos adultos que concordam com a evolução.

DE OLHO NO ENEM

Um bom exemplo da adequação da estratégia de *scanning* em uma questão do Enem é oferecido pela questão 94 do Enem 2010, **Millenium Goals**, sobre as metas de desenvolvimento da ONU, que reproduzimos abaixo. O enunciado pede que se aponte o único item que contém dois pontos dessa lista de oito metas. Assim, é preciso ler cada alternativa atentamente (como aliás deve ser feito em todas as outras questões do exame) e retornar ao texto, examinando-o e aplicando a estratégia de *scanning*, na busca da informação específica: as metas mencionadas em cada alternativa. A leitura do texto visual é também muito importante, pois cada meta é acompanhada de um símbolo, mas é procurando no texto palavras relacionadas a essas metas que chegaremos à resposta da questão.

MILLENNIUM GOALS

Disponível em: http://www.chris-alexander.co.uk/1191. Acesso em: 28 jul. 2010 (adaptado)

Definidas pelos países membros da Organização das Nações Unidas e por organizações internacionais, as metas de desenvolvimento do milênio envolvem oito objetivos a serem alcançados até 2015. Apesar da diversidade cultural, esses objetivos, mostrados na imagem, são comuns ao mundo todo, sendo dois deles:

a. O combate à AIDS e a melhoria do ensino universitário.

b. A redução da mortalidade adulta e a criação de parcerias globais.

c. A promoção de igualdade de gêneros e a erradicação da pobreza.

d. A parceria global para o desenvolvimento e a valorização das crianças.

e. A garantia da sustentabilidade ambiental e o combate ao trabalho infantil.

›

17 Estratégias de Leitura: *Getting Meaning from Context*

Uma das estratégias de leitura que possibilitam uma boa e clara compreensão do texto pressupõe o domínio das estruturas da linguagem escrita e do vocabulário básico. Seja qual for o nosso nível de conhecimento da língua, em um texto provavelmente encontraremos palavras cujo significado desconhecemos. Muitas vezes podemos inferir o significado dessas palavras pelo contexto, os cognatos (ou palavras transparentes) e as palavras que já conhecíamos nos ajudando a deduzir o significado das desconhecidas. Há casos, entretanto, em que justamente as desconhecidas são as palavras-chave para resolver as questões propostas. Então é importante tentar perceber o significado delas e, para isso, o apoio do contexto, o conjunto de palavras e expressões que envolvem essas palavras, é fundamental. Outras vezes, o significado pode ser inferido pela linguagem não verbal.

Observe a imagem, leia o texto e responda.

http://gabrielroque.deviantart.com/gallery/24189999#/art/
Restaurant-ad-187528596?_sid=434156c4

1   Ao observar o prato vazio podemos inferir que:

a. esqueceram-se de colocar o crepe.
b. o crepe é delicioso e, portanto, foi comido antes que a foto fosse tirada.
c. a ideia era mostrar um prato vazio.

2   Qual era a palavra-chave no texto?

Como exemplo de aplicação dessa estratégia em texto mais longo, vamos reproduzir abaixo o que serviu de base para a questão 93 do Enem 2013.

Faça a leitura e apoie-se no contexto para responder às perguntas que fizemos sobre as palavras destacadas. Depois resolva a questão proposta na prova do Enem.

⦂ DE OLHO NO ENEM

Steve Jobs: A Life Remembered 1955-2011

Readersdigest.ca takes a look back at Steve Jobs, and his contribution to our digital world.

CEO. Tech-Guru. Artist. There are **few** corporate figures as famous and well-regarded as former Apple CEO Steve Jobs. His list of **achievements** is staggering, and his contribution to modern technology, digital media, and indeed the world as a whole, cannot be **downplayed**.

With his **passing** on October 5, 2011, *readersdigest.ca* looks back at some of his greatest **achievements**, and plays our respects to a digital pioneer who helped **pave the way** for a generation of technology, and possibilities **few** could have imagined.

Disponível em: www.readersdigest.ca Acesso em: 25 fev. 2012

Qual é a alternativa com a sequência correta do significado das palavras em destaque? Repare que duas dessas palavras aparecem duas vezes no texto. Apoie-se no contexto para a escolha da alternativa adequada.

a. algumas – conquistas – desprezada – passagem – conquistas – mostrar o caminho – alguns
b. muitas – vitórias – desconsiderada – passamento – vitórias – pavimentar a estrada – muitos
c. poucas – realizações – minimizada – falecimento – realizações – abrir caminho – poucos

Informações sobre pessoas famosas são recorrentes na mídia, divulgadas de forma impressa ou virtualmente. Em relação a Steve Jobs, esse texto propõe

a. expor as maiores conquistas da sua empresa.
b. descrever suas criações na área da tecnologia.
c. enaltecer sua contribuição para o mundo digital.
d. lamentar sua ausência na criação de novas tecnologias.
e. discutir o impacto de seu trabalho para a geração digital.

: DE OLHO NO ENEM

Vamos também reproduzir o texto que serviu de base à questão 95 da prova do Enem 2010. Para respondê-la aplique as estratégias estudadas.

I

Os cartões-postais costumam ser utilizados por viajantes que desejam enviar notícias dos lugares que visitam a parentes e amigos. Publicado no *site* do projeto ANDRILL, o texto em formato de cartão-postal tem o propósito de:

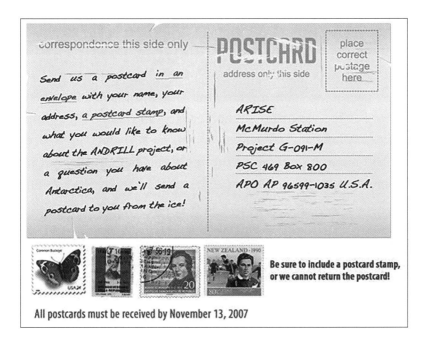

a. comunicar o endereço da nova sede.
b. convidar colecionadores de cartões-postais a se reunirem em um evento.
c. anunciar uma nova coleção de selos para angariar fundos para a Antártica.
d. divulgar às pessoas a possibilidade de receberem um cartão-postal da Antártica.
e. solicitar que as pessoas visitem o site do mencionado projeto com maior frequência.

Disponível em: http://www.meganbergdesigns.com/andrill/iceberg07/postcards/index.html.
Acesso em: 29 jul. 2010 (adaptado).

18 Estratégias de Leitura: *Identifying "True Friends" and "False Friends"*

Uma estratégia que obviamente facilita a compreensão do texto é a identificação de cognatos, as chamadas "palavras transparentes" ou *"true friends"*, palavras que em inglês têm forma semelhante (e, em alguns casos, a mesma forma) e o mesmo significado de suas correspondentes em português. A ocorrência dessas palavras, na maioria de origem latina, é muito frequente em textos informativos, principalmente da área científica. É importante também identificar os falsos cognatos ou *false friends*, palavras similares na forma, mas de significado diferente das suas correspondentes em português.

Leia o texto a seguir, publicado na revista *National Geographic* de janeiro de 2014 e responda às questões propostas sobre ele, aplicando as estratégias de leitura já estudadas.

Kayapo Courage

After four decades of plans dating back to Brazil's military dictatorship, four decades of studies, protests, revised plans, court rulings, court reversals, blockades, international  appeals, a film by *Avatar* director James Cameron, and lawsuits, construction finally began in 2011 on the 14$ billion Belo Monte. The complex of canals, reservoirs, dikes, and two dams is located some 300 miles north of Kendjam on the Xingu, where the river makes a giant U-turn called the Volta Grande. The project, which will have a maximum generating capacity of 11,233 megawatts and is slated to come on line in 2015, has divided the country. Its supporters defend it as a way of delivering needed electricity, while environmentalists have condemned it as a social, environmental, and financial disaster.

from: BROWN, Chip. Kayapo Courage. National Geographic Magazine, January 2014, p. 48

1   Faça um *skimming* e responda: qual é a ideia central do texto?

2   Volte ao texto e sublinhe pelo menos 25 "palavras transparentes". Veja se consegue identificar algum falso cognato.

3   Agora aplique a estratégia de *scanning* e encontre as seguintes informações específicas:

a. Há quantas décadas teve início o projeto de construção da usina de Belo Monte?

b. Nome do diretor de um filme sobre Belo Monte.

c. Ano em que a construção começou.

d. Estimativa de custo da construção.

e. Nome do rio onde fica a Usina de Belo Monte.

f. Nome do trecho do rio onde ele faz uma espécie de gigantesco retorno, local de construção da usina.

g. Capacidade máxima de geração de eletricidade desse projeto.

h. Previsão de quando a usina estará operando.

i. Argumento principal dos que apoiam a construção da usina.

j. Argumento principal dos que são contra a construção da usina.

Agora leia com atenção os dois trechos abaixo. Considerando o contexto, escolha a tradução mais adequada para os falsos cognatos sublinhados em cada trecho.

> **The Magic of Reality**
> "We think of crystals as beautiful transparent objects, and we even describe other things like pure water as "crystal clear". But <u>actually</u>, most solid stuff is made of crystals, and most solid stuff is not transparent."

a. atualmente   b. na verdade   c. antigamente

> "The ancient civilizations of Greece, China and India all seem to have arrived at the same idea that everything is made from four "elements": air, water, fire and earth. But one ancient Greek, Democritus, came a bit closer to the truth. Democritus thought that, if you cut anything up into sufficiently small pieces, you would eventually reach a piece so small that it couldn't be cut any further."
>
> (from: DAWKINS, Richard. The Magic of Reality, New York, Future Press, 2011)

a. eventualmente **b. por fim, finalmente** **c. ocasionalmente**

Agora vamos resolver a questão 92 da prova do Enem 2013, tentando identificar cognatos e falsos cognatos. Lembramos que nas provas de compreensão de texto, é preciso fazer uso de várias estratégias de leitura e que, por isso, a leitura atenta do enunciado é essencial para avaliar que estratégias são mais adequadas para cada questão.

⋮ DE OLHO NO ENEM

National Geographic News

Christine Dell'Amore

PUBLISHED APRIL 26, 2010

Our bodies produce a small but steady amount of natural morphine, a new study suggests. Traces of the chemical are often found in mouse and human urine, leading scientists to wonder whether the drug is being made naturally or being delivered by something the subjects consumed. The new research shows that mice produce the "incredible painkiller" – and that humans and other mammals possess the same chemical road map for making it, said study co--author Meinhart Zenk, who studies plant-based pharmaceuticals at the Donald Danforth Plant Science Center in St. Louis, Missouri.

Disponível em: www.nationalgeographic.com Acesso em 27 jul. 2010.

Ao ler a matéria publicada na *National Geographic*, para a realização de um trabalho escolar, um estudante descobriu que

a. os compostos químicos da morfina, produzidos por humanos, são manipulados no Missouri.

b. os ratos e os humanos possuem a mesma via metabólica para produção de morfina.

c. a produção de morfina em grande quantidade minimiza a dor em ratos e humanos.

d. os seres humanos têm uma predisposição genética para inibir a dor.

e. a produção de morfina é um traço incomum entre os animais.

›

19 Estratégias de Leitura: *Reference Words*

Em um texto, para evitar o que seria uma redundante e monótona repetição de substantivos, o que prejudicaria a coesão do texto, muitas vezes o autor utiliza *reference words*, palavras de outra classe gramatical, que fazem referência aos antecedentes (substantivos ou frases já mencionados). As *reference words* mais comuns são pronomes (it, she, they, them, this, his, her, one etc.) que, por sua própria natureza, fazem referência a algo ou alguém já mencionado no texto.

Leia os trechos abaixo e estabeleça uma relação contextual para os pronomes sublinhados. A que antecedente (substantivo ou frase) eles se referem?

1. The purpose of education is to replace an empty mind with an open one. *Malcolm S. Forbes*

2. Guanabara Bay exceeds in its magnificence everything the European has seen in his native land. *Charles Darwin, in 1823*

3. Whenever I feel the need to exercise, I lie down until it goes away. *Paul Terry*

4. The difference between genius and stupidity is that genius has its limits. *Albert Einstein*

5. I like work. It fascinates me. I can sit and look at it for hours. *Jerome K. Jerome*

6. I'm not afraid of death. I just don't want to be there when it happens. *Woody Allen*

7   Do I not destroy my enemies when I make <u>them</u> my friends? *Abraham Lincoln*

Agora observe o texto a seguir e identifique a que se refere o pronome sublinhado.

> **The Magic of Reality**
> In our galaxy, the great majority of stars where we have looked for planets have turned out to possess <u>them</u>. So, assuming our galaxy is typical, we can probably conclude that most of the stars in the universe have planets in orbit around <u>them</u>.
>
> (from: DAWKINS, Richard. The Magic of Reality, New York: Free Press, 2011, p. 190)

a. them (line 2)
b. them (line 4)

Leia o poema a seguir e encontre a que ou a quem os pronomes sublinhados se referem.

> **How many, How much**
> How many slams in an old screen door?
> Depends how loud you shut <u>it</u>.
> How many slices in a bread?
> Depends how thin you cut <u>it</u>.
> How much good inside a day?
> Depends how good you live '<u>em</u>.
> How much love inside a friend?
> Depends how much you give '<u>em</u>.
>
> (from: SILVERSTEIN, Shel. A Light in the Attic, New York: HarperCollins Publishers, 1981. p. 8)

Também na construção de um texto, os marcadores discursivos (*and, but, because, so, yet, etc.*) ajudam o leitor a entender a estrutura

56 · Inglês para o Enem

lógica do texto, a sua organização e a ligação entre as ideias, apontando a relação que elas têm entre si.

Numere as frases abaixo de acordo com a noção expressa pelos marcadores do discurso em destaque em cada frase. Essas noções podem aparecer em mais de uma frase.

| 1. causa   2. consequência   3. contraste   4. comparação |
| 5. condição   6. tempo   7. sequência |

a. God could not be everywhere, **so** He made mothers. (provérbio judaico)

b. Love is **like** butter – it's good with bread. (provérbio judaico)

c. The wise man thinks once **before** he speaks twice. (Robert Benchley)

d. Three may keep a secret, **if** two of them are dead. (Benjamin Franklin)

e. The tongue is not steel, **yet** it cuts. (provérbio romeno)

f. No man goes before his time – **unless** the boss leaves early. (Groucho Marx)

g. I think, **therefore** I am. (René Descartes)

h. We first make our habits, and **then** our habits make us. (John Dryden)

i. You don't stop laughing **because** you grow old, you grow old because you stop laughing. (Michael Pritchard)

j. Trust in Allah, **but** tie your camel. (provérbio árabe)

Indique a noção expressa pelos marcadores discursivos destacados no texto a seguir, escrevendo o respectivo número junto a cada palavra em destaque:

> 1. acréscimo de ideias   2. contraste   3. tempo
> 4. ênfase   5. consequência

The Greeks told a myth about one of mankind's greatest tools, fire. The story's hero was Prometheus, whose name means foreseer. Prometheus grew fond of the creatures Zeus had asked him to help create, man and woman. He watched them with pity as they huddled cold **and** fearful of the dark, stumbling blindly **after** every setting of the sun. He knew the solution to their problem – fire. **But** Zeus did not want humans to have fire. Fire would give humans more power than Zeus intended. They might **even** rival the gods themselves. **So** Zeus forbade it.

> (from: The Gift of Prometheus, in *Language: The Culture Tool*,
> Daniel Everett, Profile Books, London, 2013, p. 1)

( ) **and**   ( ) **after**   ( ) **but**   ( ) **even**   ( ) **so**

Agora leia com atenção o texto que serviu de base para a questão 92 da prova do Enem 2010, 2ª. aplicação. Preste atenção ao uso dos pronomes em destaque e identifique os substantivos a que eles se referem. Depois resolva a questão proposta no Enem sobre esse texto.

DE OLHO NO ENEM

The six-year molars

The six-year molars are the first permanent teeth. They are the "keystone" of the dental arch. **They** are also extremely susceptible to decay.

Parents have to understand that these teeth are very important. Over 25% of 6 to 7-year-old children have beginning cavities in one of the molars.

The early loss of one of these molars causes serious problems in childhood and adult life. It is never easy for parents to make kids take care of **their** teeth. Even so, parents have to insist and never give up.

(Módulo do Ensino Integrado. Fundamental, Médio, Profissional – DCL.)

They (line 2) refere-se a:

Their (line 9) refere-se a:

O texto aborda uma temática inerente ao processo de desenvolvimento do ser humano, a dentição. Há informação quantificada na mensagem quando se diz que as cáries dos dentes mencionados

a. acontecem em mais de 25% das crianças entre seis e sete anos.

b. ocorrem em menos de 25% das crianças entre seis e sete anos.

c. surgem em uma pequena minoria das crianças.

d. começam em crianças acima dos sete anos.

e. podem levar dezenas de anos para ocorrer.

›

20 Estratégias de Leitura: *Using Grammar for Vocabulary Expansion*

Conhecer a categoria gramatical a que pertence uma palavra desconhecida muitas vezes é importante para inferir seu significado e ajuda na compreensão do texto como um todo. O conhecimento de prefixos e sufixos mais frequentes é de grande valor para essa estratégia. Sabemos, por exemplo, que o prefixo *pre-* significa "antes", então *prepaid* é um adjetivo cujo significado é "pré-pago". Se soubermos que, em inglês, os prefixos *in-, im-* e *un-* são aplicados a adjetivos, substantivos, verbos e advérbios para lhes dar o sentido oposto, de "negação, oposição", fica muito fácil saber o significado de palavras como as que destacamos nas frases abaixo:

I'm sorry, your answer is *incorrect.*
Life without water would be *impossible.*
Michael was rich and famous but he was an *unhappy* man.

Qual é o significado desses três adjetivos?

Outros prefixos negativos importantes são *de-, dis-* e *mis-*. Este último é usado com alguns substantivos ou verbos não apenas para dar uma ideia negativa, mas para indicar "erro". A própria palavra *mistake* expressa algo que não foi feito corretamente.

1 Dê o significado das três palavras que destacamos nas frases a seguir:

   a. That message was written in code. Can you **decode** it?
   b. That politician was **dishonest** and is now in prison.
   c. There's a lot of **misinformation** about Brazil both in Europe and in the United States.

2 Observe os prefixos negativos nas palavras em destaque e dê o significado de cada uma.

60 · Inglês para o Enem

a. **Deforestation** in the Amazon is one of the reasons for global warming.
b. Some people **disagree** with me on that issue.
c. Fernando Pessoa is famous in Brazil but practically **unknown** in the United States.
d. Democracy is an **imperfect** system, but it is still the best available.
e. We live in times of social **injustice**.
f. If you **mispronounce** a word, they probably won't understand what you mean.

Os sufixos, por sua vez, contribuem para a formação de palavras de outras classes gramaticais e com significados que podemos inferir se conhecermos a ideia que cada um expressa.

No trecho abaixo podemos encontrar algumas palavras formadas com sufixos, sendo um deles repetido mais de uma vez. Identifique essas palavras, escrevendo-as após suas correspondentes em português:

> **Chaplin I**
>
> We think too much and feel too little. More than machinery, we need humanity. More than cleverness, we need kindness and gentleness. Without these qualities, life will be violent and all will be lost.
>
> Charles Chaplin, in *The Great Dictator* speech.

a. inteligência, esperteza
b. humanidade
c. gentileza
d. maquinaria
e. bondade

3 No texto a seguir, identifique as duas palavras que contém sufixos. Qual é a classe gramatical que esses sufixos ajudam a formar?

> **Chaplin II**
> Life is a play that does not allow testing. So, sing, cry, dance, laugh and live intensely, before the curtain closes and the piece ends with no applause.
>
> Charles Chaplin

DE OLHO NO ENEM

No texto da questão 93 da prova do Enem 2011, que voltamos a reproduzir, podem ser encontradas muitas palavras compostas por sufixação. Utilize a estratégia de *scanning* e identifique as que correspondem em português às listadas a seguir.

a. interessante
b. situação
c. particularmente, especialmente
d. interessados
e. felicidade
f. meio ambiente
g. poluição
h. absolutamente
i. bem-estar
j. de forma permutável

How's your mood?
For an interesting attempt to measure cause and effect try Mappiness, a project run by the London School of Economics, which offers a phone app that prompts you to record your mood and situation.
The Mappiness website says: We're particularly interested in how people's happiness is affected by their local environment - air pollution, noise, green spaces and so on - which the data from Mappiness will be absolutely great for investigating.

Will it work? With enough people, it might. But there are other problems. We've been using happiness and well-being interchangeably. Is that OK? The difference comes out in a sentiment like: "We were happier during the war." But was our well-being greater then?

Disponível em: www.bbc.co.uk. Acesso em 7 nov. 2011. Texto adaptado.

21 Estratégias de Leitura: *Making Inferences*

Fazer inferências significa descobrir ideias ou mensagens que não aparecem diretamente no texto. Essa estratégia é popularmente conhecida como "ler nas estrelinhas". Muitas vezes, o autor não expõe uma informação de maneira explícita, mas o leitor consegue ler essa informação "nas entrelinhas", chegando a conclusões lógicas apoiadas no seu conhecimento de mundo (aquilo que ele já sabe sobre o assunto) e nas evidências e "pistas" que estão no texto.

Para colocar em prática essa estratégia, escolha para cada uma das citações abaixo a alternativa que contém a inferência mais lógica, baseando-se nas informações dadas nos textos.

1   The greatest lessons I ever learned were at my mother's knees.
Abraham Lincoln

   a. Lincoln reconheceu a importância das lições que recebeu de sua mãe quando era pequeno.
   b. A mãe de Lincoln era professora primária.
   c. A mãe de Lincoln colocava-o de joelhos enquanto lhe dava aulas.

2   A man is usually more careful of his money than he is of his principles.
Ralph Waldo Emerson

   a. Os homens que têm muito cuidado com seu dinheiro não têm princípios.
   b. Em geral, as pessoas valorizam mais o sucesso material do que a ética pessoal.
   c. Quanto mais dinheiro um homem acumula, menos princípios tem.

3 My wife and I were happy for twenty years. Then we met.
Rodney Dangerfield

    a. A felicidade dos dois começou há vinte anos.
    b. A felicidade dos dois terminou há vinte anos.
    c. Os dois eram felizes até se conhecerem.

4 What I think of Western civilization? I think it would be a very good idea.
Mahatma Gandhi

    a. Gandhi tinha uma opinião elogiosa a respeito da civilização ocidental.
    b. Gandhi achava que a civilização ocidental tinha sido uma excelente ideia.
    c. Gandhi achava que a civilização ocidental não existia.

5 It has been said that man is a rational animal.
Bertrand Russell

    a. Bertrand Russell não tinha dúvidas sobre a racionalidade humana.
    b. Bertrand Russell, ao contrário de outras pessoas, achava o homem um animal racional.
    c. A raça humana é supostamente racional, opinião posta em dúvida por Bertrand Russell.

Agora leia uma citação de Brian Andreas, autor de *Story People*, e responda à pergunta sobre a citação.

A few said they'd be horses. Most said they'd be some sort of cat. My friend said she'd like to come back as a porcupine. "I don't like crowds," she said.

Podemos inferir que as pessoas estavam conversando sobre:

a. suas preferências quanto a bichos de estimação.
b. reencarnação.
c. seus animais favoritos.

Qual é a *key-phrase*, a frase-chave para se chegar à resposta certa? Destaque a locução verbal.

DE OLHO NO ENEM

A questão 94 do Enem 2010, 2ª. aplicação, tem base em um poema satírico de Shel Silverstein, chamado "Crystal Ball", e é um bom exemplo em que a estratégia de *making inferences* é a mais adequada para se chegar à resposta correta. Leia o poema, o enunciado, as alternativas e encontre a resposta adequada.

Crystal Ball
Come see your life in my crystal glass –
Twenty-five cents is all you pay.
Let me look into your past –
Here's what you had for lunch today:
Tuna salad and mashed potatoes.
Green pea soup and apple juice
Collard greens and stewed tomatoes,
Chocolate milk and lemon mousse.
You admit I've told it all?
Well, I know it, I confess,
Not by looking in my ball,
But just by looking at your dress.

SILVERSTEIN, S. Falling Up, Harper Collins Publishers, New York 1996.

A curiosidade a respeito do futuro pode exercer um fascínio popular sobre algumas pessoas, a ponto de colocá-las em situações inusitadas.

No poema "Crystal Ball", essa situação fica evidente quando é revelado à pessoa que ela:

a. recebeu uma boa notícia.
b. ganhou um colar de pérolas.
c. se sujou durante o almoço.
d. comprou vestidos novos.
e. encontrou uma moeda.

Qual é a *key-phrase*, a frase-chave para se chegar à alternativa correta?

DE OLHO NO ENEM

A questão 95 do Enem 2011 tem base em uma tirinha do gato Garfield. Além de boa para a prática da estratégia de *making inferences*, em um dos balões é possível encontrar uma *key word*, uma palavra-chave, de fácil compreensão por ser um cognato. Você consegue identificá-la? Faça a inferência e resolva a questão.

Disponível em: http://www.garfield.com. Acesso em: 29 jul. 2010.

A tira, definida como um segmento de história em quadrinhos, pode transmitir uma mensagem com efeito de humor. A presença desse efeito no diálogo entre Jon e Garfield acontece porque

a. Jon pensa que sua ex-namorada é maluca e que Garfield sabe disso.
b. Jodell é a única namorada maluca que Jon teve, e Garfield acha isso estranho.
c. Garfield tem certeza de que a ex-namorada de Jon é sensata, o maluco é o amigo.
d. Garfield conhece as ex-namoradas de Jon e considera mais de uma maluca.
e. Jon caracteriza a ex-namorada como maluca e não entende a cara de Garfield.

Observe a imagem, leia o texto abaixo e responda à questão.

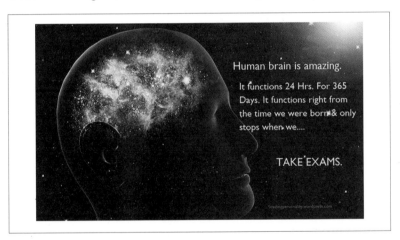

O texto destaca as virtudes do cérebro humano e, indiretamente, com muita ironia, dá a entender que o nosso cérebro
a. funciona durante o dia inteiro.
b. interrompe seu funcionamento normal quando prestamos um exame.
c. nunca para de funcionar.
d. funciona durante o ano inteiro.
e. funciona desde o primeiro instante de nossa vida.

22 Contextualização: Resposta ao Poeta

A estratégia de *Making Inferences* pode e deve ser aplicada para resolver algumas questões do Enem. Mas antes de reproduzirmos a próxima questão, vamos contextualizar o tema de uma delas, em uma abordagem que chamamos

Resposta ao Poeta

Walt Whitman (1819-1892), poeta norte-americano, branco, é um ícone da literatura dos Estados Unidos. Em 1855 Whitman publicou um livro de poesia chamado *Leaves of Grass*. Entre os poemas desse livro está "I Hear America Singing", em que Whitman destaca a contribuição do trabalhador, homem ou mulher comum – mecânico, pedreiro, carpinteiro, costureira – na construção da nação americana.

Quase setenta anos mais tarde, outro poeta, também norte-americano, negro, chamado Langston Hughes (1902-1967), escreveu "I, Too". Na época em que Hughes escreveu esse poema (1924 e não 1932 como aparece no enunciado da questão do Enem) o preconceito racial ainda grassava, como epidemia, especialmente nos estados do sul daquele país. No primeiro verso do poema (I, too, sing America) Hughes faz alusão ao poema de Whitman e corrige a omissão quanto ao valor do trabalho do negro para a construção dos Estados Unidos. Hughes fala também de um dia em que brancos e negros se sentarão *"at the table"* como irmãos, celebrando a fraternidade dos cidadãos de um país fundado justamente nos princípios da igualdade e da liberdade.

"I, Too" foi utilizado como base para a questão 91 da prova do Enem 2012, mas lamentavelmente o seu enunciado não ofereceu essa contextualização. O uso de *"too"* no próprio título do poema ficou sem ser explicado, ficando ainda assim implícito que o "eu lírico" chama a si, também, o direito de exaltar o valor do seu povo no trabalho de construção da América.

Agora que conhecemos esse contexto, podemos inferir com mais clareza a mensagem do poema de Langston Hughes e depois, aplicando a estratégia de *Making Inferences*, resolver a questão proposta no Enem.

⁝ DE OLHO NO ENEM

I, too

I, too, sing America.

I am the darker brother.

They send me to eat in the kitchen

When company comes,

But I laugh,

And eat well,

And grow strong.

Tomorrow,

I'll be at the table

When company comes.

Nobody'll dare

Say to me,

"Eat in the kitchen,"

Then.

Besides,

They'll see how beautiful I am

And be ashamed.

I, too, am America.

> HUGHES, L. In: RAMPERSAD, A.; ROESSEL, D. (Ed.)
> *The collected poems of Langston Hughes*, New York, Knopf, 1994.

Langston Hughes foi um poeta negro americano que viveu no século XX e escreveu "I, too" em 1932. No poema, a personagem descreve uma prática racista que provoca nela um sentimento de:

a. coragem, pela superação.

b. vergonha, pelo retraimento.

c. compreensão, pela aceitação.

d. superioridade, pela arrogância.

e. resignação, pela submissão.

›

23 Estratégias de Leitura: **Ainda a prática de identificação da** *"topic sentence"*

Insistimos no trabalho com essa estratégia, uma das mais importantes para um bom desempenho na prova do Enem. Como já vimos, na escrita de um parágrafo, o autor introduz a ideia principal do assunto a ser tratado em uma frase a que chamamos *topic sentence*, ou *main idea sentence*. Essa frase, que muitas vezes é a primeira do parágrafo, introduz o que será a seguir desenvolvido. Exemplos, fatos, razões e outros detalhes seguem-se à *topic sentence*, desenvolvendo a ideia principal. Sua identificação é essencial para a compreensão do texto e como as questões do Enem têm base em textos bem curtos, a identificação da *topic sentence* é, muitas vezes, a chave para chegarmos à resposta certa.

Em cada um dos parágrafos abaixo, procure identificar a *topic sentence*, sublinhando-a. Em seguida, responda à questão proposta sobre o parágrafo.

> 1. Making a web page is easier than most people think. If you can use Microsoft Word and format text, then you will quickly learn Frontpage, which is another Microsoft program with a very similar interface. There are just a few extra functions to learn, such as making a link.
>
> (from: esl.fis.edu/learners/read/topic1.htm)

Segundo o texto acima,

a. fazer uma página da Web é tarefa exclusiva de profissionais.
b. a construção de links é uma das funções dos programas da Microsoft mais simples de aprender.
c. a construção de uma página da Web não é tão difícil quanto se pensa.

> 2. Stem cell therapy still isn't widely available for people, but it can already be used to help sick pets. Stem cells taken from adult fat and

> bone marrow are being injected to treat many diseases in dogs and cats, ranging from arthritis to inflammatory bowel disease. The results are promising and could help to gather evidence to support more human treatment in the future.
>
> (from: How It Works – The Magazine That Feeds Minds, Issue 47, page 10)

A ideia principal do texto é que a terapia com células-tronco

a. promete trazer grandes resultados para o futuro.
b. está sendo utilizada para tratar certas doenças de animais domésticos.
c. já está sendo utilizada abertamente e com grande sucesso em seres humanos.

Agora leia um texto um pouco mais longo, com três parágrafos. Identifique a *topic sentence* em cada parágrafo, aquela que resume a ideia central do parágrafo, sublinhando-a.

> Language is different from every other subject you'll ever study, because language is a part of everything you'll ever study. It's there outside school too, forming a part of everything you do. Even if you have an experience which doesn't involve language – such as listening to music at a concert or looking at a painting – you'll want to talk about it afterwards.
>
> Language never leaves you alone. It's there in your head, helping you to think. It's there to help you to make relationships – and to break them. It's there to remind you who you are and where you come from. It's there to cheer others up, if they're feeling low.
>
> Language doesn't do everything. Sometimes there are no words for what we want to say. Sometimes it's better just to give someone a hug. People sometimes say: "A picture is worth a thousand words."

That's true. But language is never far away. To talk about the picture, you may need a thousand words.

(from: "*A Little Book of Language*", by David Crystal, Yale University Press, New Haven and London, 2010, p. 253)

Qual é a ideia central do texto?

a. O futuro da linguagem.
b. A história da linguagem.
c. O valor da linguagem.

DE OLHO NO ENEM

Na questão 92 do Enem 2012, identifique a *topic sentence*, sublinhe-a e depois marque a resposta correta da questão.

23 FEBRUARY 2012 LAST UPDATE AT 16:53 GMT
BBC WORLD SERVICE

J. K. Rowling to pen first novel for adults

Author J. K. Rowling has announced plans to publish her first novel for adults, which will be "very different" from the Harry Potter books she is famous for.

The book will be published worldwide although no date or title has yet been released. "The freedom to explore new territory is a gift that Harry's success has brought me," Rowling said.

All the Potter books were published by Bloomsbury, but Rowling has chosen a new publisher for her debut into adult fiction. "Although I've enjoyed writing it every bit as much, my next book will be very different to the Harry Potter series, which has been published so brilliantly by Bloomsbury and my other publishers around the world," she said, in a statement. "I'm delighted to have a second publishing home in Little, Brown, and a publishing team that will be a great partner in this new phase of my writing life."

Disponível em www.bbc.co.uk. Acesso em 24 fev. 2012 (adaptado)

J. K. Rowling tornou-se famosa por seus livros sobre o bruxo Harry Potter e suas aventuras, adaptados para o cinema. Esse texto, que aborda a trajetória da escritora britânica, tem por objetivo

a. informar que a famosa série *Harry Potter* será adaptada para o público adulto.
b. divulgar a publicação do romance por J. K. Rowling inteiramente para adultos.
c. promover a nova editora que irá publicar os próximos livros de J. K. Rowling.
d. informar que a autora de *Harry Potter* agora pretende escrever para adultos.
e. anunciar um novo livro da série *Harry Potter* publicado por editora diferente.

⋮ DE OLHO NO ENEM

Também na questão 91 da prova do Enem 2011 é adequada a estratégia de identificar a *topic sentence*, para se chegar à resposta certa da questão.

Going to university seems to reduce the risk of dying from coronary heart disease. An American study that involved 10,000 patients from around the world has found that people who leave school before the age of 16 are five times more likely to suffer a heart attack and die than university graduates.

World Report News. Magazine Speak Up. Ano XIV, no. 170. Editora Camelot, 2001

Em relação às pesquisas, a utilização da expressão *university graduates* evidencia a intenção de informar que

a. as doenças do coração atacam dez mil pacientes.

b. as doenças do coração ocorrem na faixa dos dezesseis anos.

c. as pesquisas sobre doenças são divulgadas no meio acadêmico.

d. jovens americanos são alertados dos riscos de doenças do coração.

e. maior nível de estudo reduz riscos de ataques do coração.

›

24 Estratégias de Leitura: *Skimming, topic sentences, key words, making inferences*

Fazemos uma "varredura" final de algumas das mais importantes estratégias de leitura: *skimming* (leitura rápida para obtenção da ideia central do texto), identificação das *topic sentences* (as sentenças que apresentam essa ideia central), identificação das *key words* (as palavras-chave que tornam claro o sentido de um contexto), e a capacidade de fazer inferências sobre pontos que não aparecem explicitamente no texto. Todas essas estratégias levam a competências que garantem o sucesso na prova de inglês do Enem.

Utilizando a estratégia de *skimming*, identifique e sublinhe duas *topic sentences* do texto abaixo e responda à questão proposta sobre ele.

> The Hubble Space Telescope is named after American astronomer Edwin Powell Hubble. Before Hubble's pioneering work at the Mount Wilson Observatory in Pasadena, California, in the 1920s, astronomers believed that our galaxy, the Milky Way, was the only one in the universe. Hubble proved that there is more than one galaxy in the universe. He also discovered that galaxies are moving away from each other. Hubble's law, which provides the foundation for the Big Bang theory, suggests that everything in the universe is expanding outward from an initial explosion.
>
> Thanks to Hubble's work, we know that the universe contains hundreds of billions of galaxies, each filled with hundreds of millions of stars.
>
> (from: "*Mankind – The Story of All of Us*", Pamela D. Toler, Running Press, Philadelphia, A & E Television Networks, L. L. C., 2012, p. 425)

O astrônomo norte-americano Edwin Powell Hubble, que deu nome ao telescópio espacial Hubble, através do pioneirismo do seu trabalho provou que

a. até a segunda década do século XX, a Via Láctea era a única galáxia conhecida no universo.
b. do observatório de Mount Wilson em Pasadena, Califórnia, era possível observar a nossa galáxia.
c. há mais de uma galáxia no universo, na verdade centenas de bilhões de galáxias, cada uma delas contendo centenas de milhões de estrelas.
d. a lei que tem o nome desse mesmo astrônomo contradiz a teoria de que o universo, desde a explosão inicial, continua se expandindo.
e. existe um número infinito de estrelas e galáxias no universo.

: DE OLHO NO ENEM

Para resolver a questão 91 da prova do Enem 2010, 2ª. aplicação, também era adequado usar a estratégia de *skimming*. Identifique a *topic sentence*, sublinhe-a e resolva a questão.

The Record Industry
The record industry is undoubtedly in crisis, with labels laying off employees in continuation. This is because CD sales are plummetting as youngsters prefer to download their music from the Internet, usually free of charge.
And yet it's not all that gloom and doom. Some labels are in fact thriving. Putumayo World Music, for example, is growing, thanks to its catalogue of ethnic compilation albums, featuring work by largely unknown artists from around the world.
Putumayo, which takes its name from a valley in Colombia, was founded in New York, in 1993. It began life as an alternative clothing company, but soon decided to concentrate on music. Indeed its growth appears to have coincided with that of world music as a genre.

Speak Up, Ano XXIII, no. 275 (fragmento)

78 · Inglês para o Enem

A indústria fonográfica passou por várias mudanças no século XX e, como consequência, as empresas enfrentaram crises. Entre as causas, o texto da revista *Speak Up* aponta

a. o baixo interesse dos jovens por alguns gêneros musicais.

b. o acesso a músicas, geralmente sem custo, pela Internet.

c. a compilação de álbuns com diferentes estilos musicais.

d. a ausência de artistas populares entre as pessoas mais jovens.

e. o aumento do número de cantores desconhecidos.

Agora leia as cinco citações de pensamentos de Albert Einstein, identifique e sublinhe a *key word* em cada uma delas e responda à questão proposta sobre elas.

1   Life is like riding a bicycle. To keep your balance, you must keep moving.

2   There are two ways to live your life. One is as though nothing is a miracle. The other is as though everything is a miracle.

3   If you want to live a happy life, tie it to a goal, not to people or things.

4   Life is a preparation for the future; and the best preparation for the future is to live as if there were none.

5   Imagination is more important than knowledge. For knowledge is limited to all we now know and understand, while imagination embraces the entire world, and all there ever will be to know and understand.

Escolha a alternativa que reúne, na mesma ordem das frases acima, as palavras-chave de cada uma.

a.   bicycle – life – people – future – imagination

b.   life – life – life – life – imagination

c.   balance – miracle – goal – future – imagination

d. balance – miracle – things – preparation – knowledge
e. bicycle – miracle – goal – future – world

DE OLHO NO ENEM

Uma outra questão que envolve a identificação de uma *key word* tem como base uma tirinha de Calvin and Hobbes, usada na questão 95 da prova do Enem 2013. Pela situação apresentada, muito comum nas histórias em quadrinhos desses personagens, o garoto, com todo o brilho de sua personalidade precocemente questionadora, irreverente, rebelde, sempre protestando quanto à "justiça" paterna ou da sociedade, solta um dos seus inflamados discursos, desfilando um vocabulário bem acima do que seria de esperar nessa faixa etária (outra marca registrada dessa personagem, criada por Bill Watterson), palavras e expressões longas (countless bad influences, unwholesome culture, undeveloped values, maleficence).

Apesar da dificuldade do palavrório, há uma palavra-chave, fácil por ser um cognato, uma *transparent word*, na fala do Calvin no último quadrinho, que ajuda a resolver a questão. Você consegue identificá-la?

Depois resolva a questão proposta.

Disponível em: www.gomics.com. Acesso em: 26 fev.2012.

A partir da leitura dessa tirinha, infere-se que o discurso de Calvin teve um efeito diferente do pretendido, uma vez que ele

a. decide tirar a neve do quintal para convencer seu pai sobre seu discurso.

b. culpa o pai por exercer influência negativa na formação de sua personalidade.

c. comenta que suas discussões com o pai não correspondem às suas expectativas.

d. conclui que os acontecimentos ruins não fazem falta para a sociedade.

e. reclama que é vítima de valores que o levam a atitudes inadequadas.

E agora uma questão em que a estratégia de leitura mais adequada é a de *making inferences*, ou *reading between the lines*. Leia o texto e escolha a alternativa mais adequada.

"Your question is the most difficult in the world. It is not a question I can answer simply with yes or no. I am not an Atheist. I do not know if I can define myself as a Pantheist. The problem involved is too vast for our limited minds. May I not reply with a parable? The human mind, no matter how highly trained, cannot grasp the universe. We are in the position of a little child, entering a huge library whose walls are covered to the ceiling with books in many different tongues. The child knows that someone must have written those books. It does not know who or how. It does not understand the languages in which they are written. The child notes a definite plan in the arrangement of the books, a mysterious order, which it does not comprehend, but only dimly suspects. That, it seems to me, is the attitude of the human mind, even the greatest and most cultured, toward God. We see a universe marvelously arranged, obeying certain laws, but we understand the laws only dimly. Our limited minds cannot grasp the mysterious force that sways the constellations. I am fascinated by Spinoza's Pantheism. I admire even more his contributions to modern

> thought. Spinoza is the greatest of modern philosophers, because he is the first philosopher who deals with the soul and the body as one, not as two separate things."
>
> Albert Einstein

Sabendo que o texto acima foi a resposta dada por Einstein a um jornalista sobre um certo assunto, qual teria sido a pergunta?

a. What is the most difficult question in the world?
a. Do you understand the laws of the universe?
a. Do you think the human mind can grasp the universe?
a. Do you consider Spinoza the greatest of modern philosophers?
a. Do you believe in God?

>

25 Temas recorrentes e palavras-chave: *War and Peace*

Em 2011 a prova do Enem abriu com o fragmento de uma música composta por Bob Marley, intitulada "War". No enunciado da questão 94 proposta sobre isso lemos "Bob Marley foi um artista popular e atraiu muitos fãs com suas canções. Ciente de sua influência social, na música "War", o cantor se utiliza de sua arte para alertar sobre ..." Seguem-se as cinco alternativas, só uma delas servindo para completar a frase adequadamente. Leia o fragmento da música e resolva a questão.

⋮ DE OLHO NO ENEM

War

Until the philosophy which holds one race superior
And another inferior
Is finally and permanently discredited and abandoned,
Everywhere is war – Me say war.

That until there is no longer
First class and second class citizens of any nation,
Until the color of a man's skin
Is of no more significance than the color of his eyes –
Me say war.
(...)

And until the ignoble and unhappy regimes
that hold our brothers in Angola, in Mozambique,
South Africa, sub-human bondage have been toppled,
Utterly destroyed –
Well, everywhere is war – Me say war.

War in the east, war in the west,

War up north, war down south -

War - war - Rumors of war.

And until that day, the African continent will not know peace.

We, Africans, will fight - we find it necessary -

And we know we shall win

As we are confident in the victory.

(...)

MARLEY, B. Disponível em http://www.sing365.com Acesso em 30 jun. 2011 (fragmento)

Bob Marley foi um artista popular e atraiu muitos fãs com suas canções. Ciente de sua influência social, na música "War", o cantor se utiliza de sua arte para alertar sobre

a. a inércia do continente africano diante das injustiças sociais.

b. a persistência da guerra enquanto houver diferenças raciais e sociais.

c. as acentuadas diferenças culturais entre os países africanos.

d. as discrepâncias sociais entre moçambicanos e angolanos como causa de conflitos.

e. a fragilidade das diferenças raciais e sociais como justificativas para o início de uma guerra.

: DE OLHO NO ENEM

A questão 95 da prova do Enem em 2012 também tem como base as palavras de um outro artista popular, também músico, em que ele destaca a necessidade que o mundo tem da palavra sublinhada: *peace*. Embora com abordagens diferentes, o tema desses dois textos está associado. Observe atentamente o enunciado dessa questão. Compare o enunciado sobre a frase de Jimi Hendrix com o da questão anterior, sobre a letra da música de Bob Marley, repare na coincidência da redação dos dois enunciados e

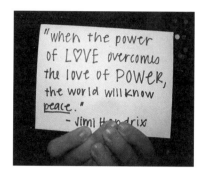

na valorização desses conceitos para os organizadores das provas de inglês do Enem.

Aproveitando-se de seu status social e da possível influência sobre seus fãs, o famoso músico Jimi Hendrix associa, em seu texto, os termos *love, power* e *peace* para justificar sua opinião de que

a. a paz tem o poder de aumentar o amor entre os homens.
b. o amor pelo poder deve ser menor do que o poder do amor.
c. o poder deve ser compartilhado entre aqueles que se amam.
d. o amor pelo poder é capaz de desunir cada vez mais as pessoas.
e. a paz será alcançada quando a busca pelo poder deixar de existir.

É interessante observar a importância dada pelos organizadores da prova de inglês do Enem a alguns aspectos, potencialmente recorrentes e evidenciados pela apresentação desses dois textos e questões. Assinale aqueles que você também observou.

a. O tema é a necessidade da paz mundial.
b. Os autores dos textos são artistas populares de projeção internacional, com influência social principalmente entre seus fãs.
c. As duas mensagens são de protesto, uma mais intensa e agressiva, a outra mais concisa e em estilo poético.
d. Ambas protestam quanto ao valor exagerado que se dá ao poder e à forma como é exercido pelos que o detêm.

De olho no Enem – Enem 2014

QUESTÃO 91

A Tall Order

The sky isn't the limit for an architect building the world's first invisible skyscraper.

Charles Wee, one of the world's leading high-rise architects, has a confession to make: he's bored with skyscrapers. After designing more than 30, most of which punctuate the skylines of rapidly expanding Asian cities, he has struck upon a novel concept: the first invisible skyscraper.

As the tallest structure in South Korea, his Infinity Tower will loom over Seoul until somebody pushes a button and it completely disappears. When he entered a 2004 competition to design a landmark tower, the Korean-American architect rejected the notion of competing with Dubai, Toronto, and Shanghai to reach the summit of man-made summits. "I thought, let's not jump into this stupid race to build another 'tallest' tower," he says in a phone conversation. "Let's take an opposite approach – let's make an anti-tower."

The result will be a 150-story building that fades from view at the flick of a switch. The tower will effectively function as an enormous television screen, being able to project an exact replica of whatever is happening behind it onto its façade. To the human eye, the building will appear to have melted away.

It will be the most extraordinary achievement of Wee's stellar architectural career. After graduating from UCLA, he worked under Anthony Lumsden, a prolific Californian architect who helped devise the modern technique of wrapping buildings inside smooth glass skins.

HINES, N. Disponível em: http://mag.newsweek.com. Acesso em: 13 out. 2013 (adaptado).

No título e no subtítulo desse texto, as expressões *A Tall Order* e *The sky isn't the limit* são usadas para apresentar uma matéria cujo tema é:

a. Inovações tecnológicas usadas para a construção de um novo arranha-céu em Seul.

b. Confissões de um arquiteto que busca se destacar na construção de arranha-céus.

c. Técnicas a serem estabelecidas para a construção de edifícios altos na Califórnia.

d. Competição entre arquitetos para a construção do edifício mais alto do mundo.

e. Construção de altas torres de apartamentos nas grandes metrópoles da Ásia.

QUESTÃO 92

Masters of War

Come you masters of war
You that build the big guns
You that build the death planes
You that build all the bombs
You that hide behind walls
You that hide behind desks
I just want you to know
I can see through your masks.

You that never done nothin'
But build to destroy
You play with my world
Like it's your little toy
You put a gun in my hand
And you hide from my eyes

And you turn and run farther
When the fast bullets fly.

Like Judas of old
You lie and deceive
A world war can be won
You want me to believe
But I see through your eyes
And I see through your brain
Like I see through the water
That runs down my drain.

BOB DYLAN. The Freewheeling' Bob Dylan. Nova York: Columbia Records, 1963 (fragmento).

Na letra da canção *Masters of War*, há questionamentos e reflexões que aparecem na forma de protesto contra

a. o envio de jovens à guerra para promover a expansão territorial dos Estados Unidos.

b. o comportamento dos soldados norte-americanos nas guerras de que participaram.

c. o sistema que recruta soldados para guerras motivadas por interesses econômicos.

d. o desinteresse do governo pelas famílias dos soldados mortos em campos de batalha.

e. as Forças Armadas norte-americanas, que enviavam homens despreparados para as guerras.

QUESTÃO 93

The Road Not Taken (by Robert Frost)

Two roads diverged in a wood, and I –
I took the one less traveled by,

And that has made all the difference.

Disponível em: www.poetryfoundation.org. Acesso em: 29 nov. 2011 (fragmento).

Estes são os versos finais do famoso poema *The Road Not Taken*, do poeta americano Robert Frost. Levando-se em consideração que a vida é comumente metaforizada como uma viagem, esses versos indicam que o autor

a. festeja o fato de ter sido ousado na escolha que fez em sua vida.
b. lamenta por ter sido um viajante que encontrou muitas bifurcações.
c. viaja muito pouco e que essa escolha fez toda a diferença em sua vida.
d. reconhece que as dificuldades em sua vida foram todas superadas.
e. percorre várias estradas durante as diferentes fases de sua vida.

QUESTÃO 94

Disponível em: http://wefeedback.org. Acesso em: 30 jul. 2012.

A internet tem servido a diferentes interesses, ampliando, muitas vezes, o contato entre pessoas e instituições. Um exemplo disso é o *site* wefeedback, no qual a internauta Kate Watts

a. comprou comida em promoção.

b. inscreveu-se em concurso.

c. fez doação para caridade.

d. participou de pesquisa de opinião.

e. voluntariou-se para trabalho social.

QUESTÃO 95

If You Can't Master English, Try Globish

PARIS — It happens all the time: during an airport delay the man to the left, a Korean perhaps, starts talking to the man opposite, who might be Colombian, and soon they are chatting away in what seems to be English. But the native English speaker sitting between them cannot understand a word.

They don't know it, but the Korean and the Colombian are speaking Globish, the latest addition to the 6,800 languages that are said to be spoken across the world. Not that its inventor, Jean-Paul Nerrière, considers it a proper language.

"It is not a language, it is a tool," he says. "A language is the vehicle of a culture. Globish doesn't want to be that at all. It is a means of communication."

Nerrière doesn't see Globish in the same light as utopian efforts such as Kosmos, Volapuk, Novial or staunch Esperanto. Nor should it be confused with barbaric Algol (for Algorithmic language). It is a sort of English lite: a means of simplifying the language and giving it rules so it can be understood by all.

BLUME, M. Disponível em: www.nytimes.com. Acesso em: 28 out. 2013 (fragmento).

Considerando as ideias apresentadas no texto, o *Globish* (Global English) é uma variedade da língua inglesa que

a. tem *status* de língua por refletir uma cultura global.
b. facilita o entendimento entre o falante nativo e o não nativo.
c. tem as mesmas características de projetos utópicos como o esperanto.
d. altera a estrutura do idioma para possibilitar a comunicação internacional.
e. apresenta padrões de fala idênticos aos da variedade usada pelos falantes nativos.

Respostas e comentários

2 Vocabulário: Palavras transparentes, prefixos e sufixos
The Weather Man
nacionalidades – banal – conversação/conversa – importante – parte

3 Vocabulário: Prefixo un-, sufixo -able
O que significa *uneatable*?
c. Intragável

Agora complete as frases com os adjetivos adequados e traduza-os.
Resposta: b. imprevisível
» Tradução: a. insuperável b. imprevisível c. inevitável
2. Resposta: b. inacreditável
» Tradução: a. desfavorável b. inacreditável c. compreensível
3. Resposta: a. inevitáveis
» Tradução: a. inevitáveis b. indisponíveis c. inaceitáveis
4. Resposta: b. insuperável
» Tradução: a. insuportável b. insuperável c. inevitável
5. Resposta: c. insuportável
» Tradução: a. indisponível b. imprevisível c. insuportável
6. Resposta: a. inaceitáveis
» Tradução: a. inaceitáveis b. intocáveis c. insuperáveis
7. Resposta: b. indisponível
» Tradução: a. insuperável b. indisponível c. insuportável
8. Resposta: c. inacreditável
» Tradução: a. inevitável b. inaceitável c. inacreditável

De olho no Enem
a. impressionável
b. prejudicial, insalubre
c. subdesenvolvidos

4 Vocabulário: O sufixo -ly

uma experiência adorável; amor fraterno; corpos celestes

De olho no Enem

undoubtedly: indubitavelmente, sem dúvida
usually: geralmente
synonymously: como sinônimos
especially: especialmente, particularmente
likely: prováveis

5 Vocabulário: Os sufixos -ment e -ness

desenvolvimento; melhoramento; julgamento, juízo; movimento
governo; gerência, administração; medição, medida
doçura; escuridão; tristeza; felicidade

O sufixo -al em global, o sufixo -ship em partnership, o sufixo -ment em development.

Escolha a melhor tradução para a frase em destaque acima.

a. Uma parceria global para o desenvolvimento.

De olho no Enem

simples; celebrar; Dia; Cultural; Diversidade; Diálogo; Desenvolvimento

6 Vocabulário: Os sufixos -less e -ful

1. c   2. a   3. b

De olho no Enem

a. helpless: indefesa
b. countless: inumeráveis

7 Vocabulário: Em busca das "transparent words"

De olho no Enem

diversidade; inclusão; Unidas; Nações; aliança; civilizações; campanha; cultural; global; ação; parte; simples; celebrar; diálogo; visite; arte; museu;

dedicado; culturas; diferente; participe; celebração; explorar; música

support: c. apoiar, dar suporte a

De olho no Enem
c."Eu me inscrevi no Programa Jovens Embaixadores para mostrar o que tem de bom em meu país e conhecer outras formas de ser."

O reconhecimento do cognato "culture" era essencial para a resolução dessa questão. 4. "Spread your own **culture** around the world and learn about other **cultures**." A única alternativa que fala especificamente da difusão da cultura em seu próprio país pelo mundo inteiro e do aprendizado de outras culturas é a letra C.

8 Vocabulário: Ainda os prefixos e sufixos
1. malnutrition
2. homeless
3. unforgettable
4. uncomfortable
5. hopeless

De olho no Enem
1. d   2. c   3. f   4. e   5. b   6. a

9 Vocabulário: Palavras-chave nos textos do Enem
Substantivos:
1. g   2. f   3. h   4. c   5. j
6. i   7. e   8. a   9. d   10. b
Adjetivos:
1. c   2. g   3. e   4. h   5. a
6. d   7. b   8. j   9. i   10. f
Locuções verbais:
1. d   2. g   3. h   4. b   5. j
6. c   7. e   8. a   9. f   10. i
Locuções nominais:
1. h   2. j   3. e   4. a   5. g
6. i   7. f   8. b   9. d   10. c

Locuções nominais:

1. f 2. g 3. a 4. b 5. j
6. i 7. h 8. e 9. d 10. c

10 Estratégias de Leitura: Identificando a "topic sentence"

De olho no Enem

A *"topic sentence"* é a primeira frase do texto: "They say that the British love talking about the weather." A questão cobra a habilidade de relacionar essa particularidade cultural (gostar muito de conversar sobre o tempo) à alternativa D, a única que aborda as diferenças culturais no uso de uma língua. Nenhuma das outras alternativas completa corretamente a questão, a não ser essa, que pode ser encontrada na frase inicial do texto.

11 Estratégias de Leitura: Praticando a identificação da "topic sentence"

topic sentence:

Going to university seems to reduce the risk of dying from coronary heart disease.

Alternativa e: maior nível de estudo reduz riscos de ataques do coração.

After prison blaze kills hundreds in Honduras, UN warns on overcrowding

A *topic sentence* é antecipada na manchete, e a alternativa adequada é a letra a: ocorrência de um incêndio em um presídio superlotado em Honduras.

12 Estratégias de Leitura: Ainda a localização da "topic sentence"

De olho no Enem

How's your mood?

A *topic sentence* é a primeira frase, mas desta vez a primeira frase do segundo parágrafo ... "The Mappiness website says: "We're particularly interested in how people's happiness is affected by their local environment – air pollution, noise, green spaces and so on – (...) A questão cobra a habilidade de completar a frase que define corretamente o objetivo do projeto Mappiness, investigar a relação entre o nível de felicidade das pessoas e o ambiente no qual se encontram: letra D. Nenhuma das outras alternativas completa corretamente a questão, a não ser essa, que pode ser encontrada na frase inicial do segundo parágrafo.

13 Estratégias de Leitura: A "topic sentence" e as key words
De olho no Enem

Viva la Vida

A *"topic sentence"* é a de abertura: *I used to rule the world*, Eu costumava mandar em, ter domínio sobre o mundo ...

Qual é a alternativa que diz isso em outras palavras?

a. costumava ter o mundo a seus pés ...

A segunda parte dessa alternativa diz que "... e, de repente, se viu sem nada". Na quarta linha do poema temos a mesma ideia em outras palavras: "... Sweep the streets I used to own." Varro as ruas que eram minhas, que me pertenciam. Todas as outras alternativas são inadequadas. Para responder com segurança a esta questão era também fundamental conhecer o sentido de *used to*, que expressa um hábito ou condição existente no passado e que deixou de existir. Essa *key word* foi usada três vezes nesse fragmento da canção: "I used to rule the world, Sweep the streets I used to own, I used to roll the dice", sempre em relação à diferença de condições (passado vs. presente) de quem relata essa situação.

14 Estratégias de Leitura: Making Predictions
Aids is going to lose.

Anúncio/Campanha publicitária.

Mostrar que o problema é mundial e que é preciso envolver todas as pessoas. Futuro próximo. A certeza de que isso vai acontecer/a Aids vai ser vencida.

Popular Science FYI

Capa de livro de informação científica.

Popular. b. For Your Information.

Que cheiro tem o espaço?

Um corte produzido por papel pode ser mortal?

Qual é a idade da terra/do solo?

De olho no Enem

e. convencer de que fez o relatório solicitado.

96 · Inglês para o Enem

15 Estratégias de Leitura: Skimming e Finding the topic sentence
Palavras Transparentes:
Portuguese, language, museum, area, São Paulo, Luz, train, station, English, construction, modern, complete, harmony, architecture, dedicated, inaugurated, March, temporary, exhibition, permanent, auditorium, history, Brazil, interested, aspects, cultural, expressions, regional, important, visit, million, contact

Tema central do texto:
A divulgação do Museu da Língua Portuguesa, em São Paulo, as exposições que o museu oferece aos seus visitantes.

De olho no Enem
b. o amor pelo poder deve ser menor do que o poder do amor.

16 Estratégias de Leitura: Scanning
One-third of Americans reject human evolution
Qual era o foco dessa pesquisa? Evolução humana.
1. Pew Research Center
2. Um terço da população/dos americanos
3. 33%
4. 60%

Millennium Goals
c. A promoção de igualdade de gêneros e a erradicação da pobreza.
O enunciado da questão visava à seleção de dois objetivos, sendo que todas as alternativas traduziam as legendas, mas em apenas uma delas não havia discrepâncias: a letra C.

17 Estratégias de Leitura: Getting Meaning from Context
1. b. o crepe era delicioso e, portanto, foi comido antes que a foto fosse tirada.
2. Delicious
c. poucas – realizações – minimizada – falecimento – realizações – abrir caminho – poucos

De olho no Enem

questão 93 do Enem 2013

c. enaltecer sua contribuição para o mundo digital.

De olho no Enem

questão 95 do Enem 2010

d. divulgar às pessoas a possibilidade de receberem um cartão-postal da Antártica.

18 Estratégias de Leitura: Identifying True Friends and False Friends

Kayapo Courage

1. A construção da usina de Belo Monte.

2. courage, decades, plans, military, studies, protests, revised, international, appeals, film, director, canals, construction, billion, complex, canals, dikes, located, miles, north, project, maximum, capacity, divided, defend, electricity, condemned, social, financial, disaster.

Não foi identificado nenhum falso cognato nesse trecho.

3. a. Há quatro décadas b. James Cameron c. 2011

d. 14 bilhões de dólares e. Xingu f. Volta Grande.

g. 11 233 megawatts h. 2015 i. A necessidade de geração de eletricidade j. A previsão de consequências desastrosas no plano social, ambiental e financeiro.

The Magic of Reality

b. na verdade b. por fim, finalmente

De olho no Enem

Questão 92 da prova do Enem 2013

b. os ratos e os humanos possuem a mesma via metabólica para produção de morfina.

19 Estratégias de Leitura: Reference Words

a. mind

b. Guanabara Bay; the European

c. the need to exercise

d. genius

98 · Inglês para o Enem

e. work
f. death
g. my enemies
1. them (line 2) planets
2. them (line 4) stars

How many, How much
<u>it</u>: an old screen door;
<u>it</u>: a bread;
<u>'em:</u> a day/days;
<u>'em</u>: a friend/friends

Numere as frases: (2), (4), (6), (5), (3), (5), (2), (7), (1), (3)
Identifique a noção expressa por... (1), (3), (2), (4), (5)

De olho no Enem
a. six-year molars
b. kids

Questão 92, do Enem 2010, 2ª. aplicação
a. acontecem em mais de 25% das crianças entre seis e sete anos.

20 Estratégias de Leitura: Using Grammar for Vocabulary Expansion
Incorreto, impossível, infeliz.
1. a. decodificar; b. desonesto; c. informação errada
2. a. Desmatamento; b. discordam; c. desconhecido; d. imperfeito; e. injustiça;
f. pronunciar errado

Chaplin I
a. cleverness; b. humanity; c. gentleness; d. machinery; e. kindness

Chaplin II
<u>Testing</u>: -ing, neste caso, formação de substantivo. Mas o sufixo -ing também
forma adjetivos e verbos.
<u>intensely</u>: -ly, na formação de advérbios de modo.

De olho no Enem
Questão 93 da prova do Enem 2011
a. interesting
b. situation
c. particularly
d. interested
e. happiness
f. environment
g. pollution
h. absolutely
i. well-being
j. interchangeably

21 Estratégias de Leitura: Making Inferences
Citações: 1. a; 2. b; 3. c; 4. c; 5. c. A resposta da 4. é c mesmo e não b. Quando Gandhi responde que "It would be a good idea," ele insinua que essa civilização, até o momento de ele fazer essa declaração, não existia, seria apenas uma boa ideia (no condicional).
Citação de Brian Andreas: b. reencarnação
frase-chave e locução verbal destacada: (...) she'd like to **come back** (as a porcupine).

De olho no Enem
questão 94 do Enem 2010, 2ª. aplicação:
c. se sujou durante o almoço.
A frase-chave é a última: But just by looking at your dress.

questão 95 do Enem 2011
d. Garfield conhece as ex-namoradas de Jon e considera mais de uma maluca.
A palavra-chave é *specific*. Ela aparece no balão de pensamento de Garfield – *"You'll have to be more specific."* – e ajuda a resolver a questão: Garfield conhece as ex-namoradas de Jon e considera mais de uma maluca. Assim, Jon terá de ser mais específico para que Garfield saiba de qual namorada se trata.

Human brain
b. interrompe seu funcionamento normal quando prestamos um exame.

22 Contextualização: Resposta ao Poeta

De olho no Enem

I, too

a. coragem, pela superação.

A resposta correta é a letra A, em que se identifica o sentimento de coragem, pela superação, da personagem que se assume como *"the darker brother"*.

23 Estratégias de Leitura: Ainda a prática de identificação da "topic sentence"

Topic sentences:

1. Making a web page is easier than most people think.

Ideia principal: c. a construção de uma página da Web não é tão difícil quanto se pensa.

2. Stem cell therapy isn't widely available for people, but it can already be used to help sick pets.

Ideia principal: b. está sendo utilizada para tratar certas doenças de animais domésticos.

fragmento de *A Little Book of Language*:

Topic sentences: language is a part of everything you'll ever study. Language never leaves you alone. Language is never far away.

Ideia principal: c. o valor da linguagem

De olho no Enem

Questão 92 do Enem 2012

Topic sentence:

Author J. K. Rowling has announced plans to publish her first novel for adults, which will be "very different" from the Harry Potter books she is famous for.

Questão 92 do Enem 2012:

d. informar que a autora de Harry Potter agora pretende escrever para adultos.

A alternativa D é a única a informar que a autora de Harry Potter agora (ou melhor, naquela altura) pretende/pretendia escrever para adultos. Essa informação, além de já anunciada no próprio título, é encontrada na *topic sentence* do 1º. parágrafo: "a autora J. K. Rowling anunciou planos de publicar seu primeiro romance para adultos."

Questão 91 do Enem 2011

Topic sentence:

Going to university seems to reduce the risk of dying from coronary heart disease.

e. maior nível de estudo reduz riscos de ataques do coração.

24 Estratégias de Leitura: Skimming, topic sentences, key words, making inferences

Topic sentences:

Hubble proved that there is more than one galaxy in the universe.

Thanks to Hubble's work, we know that the universe contains hundreds of billions of galaxies, each filled with hundreds of millions of stars.

c. há mais de uma galáxia no universo, na verdade centenas de bilhões de galáxias, cada uma delas contendo centenas de milhões de estrelas.

De olho no Enem

topic sentence:

This is because CD sales are plummetting as youngsters prefer to download their music from the Internet, usually free of charge.

Questão 91, Enem 2010, 2ª. aplicação:

a. o acesso a músicas, geralmente sem custo, pela Internet.

Citação de pensamentos de Albert Einstein:

1. balance 2. miracle; miracle 3. goal 4. future; future 5. imagination; imagination

Palavras-chave:

c. balance – miracle – goal – future – imagination

Palavra-chave na tirinha do Calvin: discussions

A palavra-chave é *discussions* e leva à alternativa

C: comenta que suas discussões com o pai não correspondem às suas expectativas.

É bom lembrar que a palavra *discussion* pode ser traduzida por "discussão", sim, mas só no sentido de "debate, conversa importante, troca de opiniões" e não como "bate-boca, briga verbal" (que é *argument, dispute, quarrel, row)* e muito menos no sentido de "briga, luta corporal" (que é *fight).*

e. Do you believe in God?

25 Temas recorrentes e palavras-chave: War and Peace

De olho no Enem

War

b: a persistência da guerra enquanto houver diferenças raciais e sociais.

A resposta certa está presente no início da letra dessa música, os quatro primeiros versos:

Until the philosophy which holds one race superior

And another inferior (***diferenças raciais e sociais***)

Is finally and permanently discredited and abandoned,

Everywhere is war – Me say war. (***a persistência da guerra***)

De olho no Enem

Jimi Hendrix

b. o amor pelo poder deve ser menor do que o poder do amor.

Jimi Hendrix faz um jogo de palavras com as expressões *power of love* e *love of power* para defender sua opinião de que a paz só será alcançada quando o primeiro superar o segundo. A palavra-chave aí é "*overcomes*": superar, sobrepujar, vencer.

Prova de Inglês – Enem 2014

Questão 91 - A Tall Order

a. Inovações tecnológicas usadas para a construção de um novo arranha-céu em Seul.

Comentário: No final do 3o. parágrafo, a frase "Let´s take an opposite approach - let´s make an anti-tower" é corroborada pela alternativa correta, a letra A.

Questão 92 - Masters of War

c. o sistema que recruta soldados para guerras motivadas por interesses econômicos.

Comentário: Bob Dylan escreveu essa letra em protesto contra o sistema que fomenta guerras para sustentar a indústria militarista, o que se encontra, em outras palavras, na alternativa C.

Questão 93 - The Road Not Taken

a. festeja o fato de ter sido ousado na escolha que fez em sua vida.

Comentário: O poeta (Robert Frost) considera ter acertado no rumo que deu à sua vida, na escolha que fez em seguir pela estrada menos utilizada (I took the one less traveled by ...) , e isso fez toda a diferença, da qual ele não se arrepende.

Questão 94 - wefeedback:
c. fez doação para caridade.
Comentário: Na sua parte do texto, a internauta completou assim: My name is Kate Watts. I want to share a sushi platter. I usually pay 20 US$. More servings will feed more children... 3 ... 60 US$. Com isso, fica claro que a internauta aderiu à campanha do site wefeedback e colaborou doando um total de 60 US$ para ajudar na alimentação de crianças carentes em todo o mundo.

Questão 95 - If You Can't Master English, try Globish
d. altera a estrutura do idioma para possibilitar a comunicação internacional.
Comentário: No final do texto, na última frase, está apresentada a conclusão sobre o que é Globish: uma simplificação da língua inglesa, uma espécie de versão "light" do inglês, objetivando a comunicação internacional: "It is a sort of English lite: a means of simplifying the language and giving it rules so it can be understood by all.

Este livro foi impresso em janeiro de 2015
pela Mark Press Brasil Indústria Gráfica LTDA.,
sobre papel offset 90g/m².

Este livreto complementa o
INGLÊS PARA O ENEM a partir
da página 90, com as questões
das provas dos anos 2015, 2016,
2017 e 2018.

De olho no Enem – Enem 2015

QUESTÃO 96

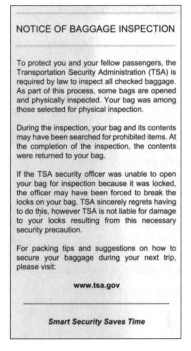

Transportation Security Administration. Disponível em: www.tsa.gov.
Acesso em: 13 jan. 2010 (adaptado).

As instituições públicas fazem uso de avisos como instrumento de comunicação com o cidadão. Esse aviso, voltado a passageiros, tem o objetivo de

a. solicitar que as malas sejam apresentadas para inspeção.
b. notificar o passageiro pelo transporte de produtos proibidos.
c. informar que a mala foi revistada pelos oficiais de segurança.
d. dar instruções de como arrumar malas de forma a evitar inspeções.
e. apresentar desculpas pelo dano causado à mala durante a viagem.

QUESTÃO 97

My brother the star, my mother the earth
My father the sun, my sister the moon,
   To my life give beauty, to my
body give strength, to my corn give
goodness, to my house give peace, to
my spirit give truth, to my elders give
   wisdom.

Disponível em: www.blackhawkproductions.com. Acesso em: 8 ago. 2012.

Produções artístico-culturais revelam visões de mundo próprias de um grupo social. Esse poema demonstra a estreita relação entre a tradição oral da cultura indígena norte-americana e a

a. transmissão de hábitos alimentares entre gerações.
b. dependência da sabedoria de seus ancestrais.
c. representação do corpo em seus rituais.
d. importância dos elementos da natureza.
e. preservação da estrutura familiar.

QUESTÃO 98

Monday September 20, 2010

RIDGWAY, L. Disponível em: http://fborfw.com. Acesso em: 23 fev. 2012.

Na tira da série *For better or for worse*, a comunicação entre as personagens fica comprometida em um determinado momento porque

a. as duas amigas divergem de opinião sobre futebol.
b. uma das amigas desconsidera as preferências da outra.

c. uma das amigas ignora que o outono é temporada de futebol.

d. uma das amigas desconhece a razão pela qual a outra a maltrata.

e. as duas amigas atribuem sentidos diferentes à palavra *season*.

⦂ QUESTÃO 99

Why am I compelled to write? Because the writing saves me from the complacency I fear. Because I have no choice. Because I must keep the spirit of my revolt and myself alive. Because the world I create in the writing compensates for what the real world does not give me. By writing I put order in the world, give it a handle so I can grasp it.

> ANZALDÚA, G. E. Speaking in tongues: a letter to third world women writers. In: HERNANDEZ, J.B. (Ed.). Women writing resistance: essays on Latin America and the Caribbean. Boston: South End, 2003

Gloria Evangelina Anzaldúa, falecida em 2004, foi uma escritora americana de origem mexicana que escreveu sobre questões culturais e raciais. Na citação, o intuito da autora é evidenciar as

a. razões pelas quais ela escreve.

b. compensações advindas da escrita.

c. possibilidades de mudar o mundo real.

d. maneiras de ela lidar com seus medos.

e. escolhas que ela faz para ordenar o mundo.

QUESTÃO 100

How fake images change our memory and behaviour

For decades, researchers have been exploring just how unreliable our own memories are. Not only is memory fickle when we access it, but it´s also quite easily subverted and rewritten. Combine this susceptibility with modern image-editing software at our fingertips like Photoshop, and it´s a recipe for disaster. In a world where we can witness news and world events as they unfold, fake images surround us, and our minds accept these pictures as real, and remember them later. These fake memories don´t just distort how we see our past, they affect our current and future behaviour too – from what we eat, to how we protest and vote. The problem is there´s virtually nothing we can do to stop it.

Old memories seem to be the easiest to manipulate. In one study, subjects were showed images from their childhood. Along with real images, researchers snuck in manipulated photographs of the subject taking a hot-air balloon ride with his or her family. After seeing those images, 50% of subjects recalled some part of that hot-air balloon ride – though the event was entirely made up.

EVELETH, R. Disponível em: www.bbc.com. Acesso em: 10 jan. 2013 (adaptado)

A reportagem apresenta consequências do uso de novas tecnologias para a mente humana. Nesse contexto, a memória das pessoas é influenciada pelo(a)

a. alteração de imagens.
b. exposição ao mundo visual.
c. acesso a novas informações.
d. fascínio por *softwares* inovadores.
e. interferência dos meios de comunicação.

De olho no Enem – Enem 2016

⁞ QUESTÃO 101

Italian university switches to English

By Sean Coughlan, BBC News education correspondent
16 May 2012 Last updated at 9;49 GMT

Milan is crowded with Italian icons, which makes it even more of a cultural earthquake that one of Italy's leading universities - the Politecnico di Milano - is going to switch to the English language. The university has announced that from 2014 most of its degree courses - including all its graduate courses - will be taught and accessed entirely in English rather than Italian.

The waters of globalization are rising around higher education - and the university believes that if it remains Italian-speaking it risks isolation and will be unable to compete as an international institution. "We strongly believe our classes should be international classes - and the only way to have international classes is to use the English language", says the university's rector, Giovanni Azzone.

COUGHLAN, S. Disponível em: www.bbc.co.uk. Acesso em: 31 jul. 2012

As línguas têm um papel importante na comunicação entre pessoas de diferentes culturas. Diante do movimento de internacionalização no ensino superior, a universidade Politecnico di Milano decidiu

a. elaborar exames em língua inglesa para o ingresso na universidade.

b. ampliar a oferta de vagas na graduação para alunos estrangeiros.

c. investir na divulgação da universidade no mercado internacional.

d. substituir a língua nacional para se inserir no contexto da globalização.

e. estabelecer metas para melhorar a qualidade do ensino de italiano.

QUESTÃO 102

Ebony and ivory

Ebony and ivory live together in perfect harmony
Side by side on my piano keyboard, oh Lord, why can´t we?
We all know that people are the same wherever we go
There is good and bad in ev´ryone,
We learn to live, we learn to give
Each other what we need to survive together alive

McCARTNEY, P. Disponível em: www.paulmccartney.com. Acesso em: 30 maio 2016.

Em diferentes épocas e lugares, compositores têm utilizado seu espaço de produção musical para expressar e problematizar perspectivas de mundo. Paul McCartney, na letra dessa canção, defende

a. o aprendizado compartilhado.
b. a necessidade de donativos.
c. as manifestações culturais.
d. o bem em relação ao mal.
e. o respeito étnico.

QUESTÃO 103 - Frankentissue: printable cell technology

In November, researchers from the University of Wollongong in Australia announced a new bio-ink that is a step toward really printing living human tissue on an ink-jet printer. It is like printing tissue dot-by-dot. A drop of bio-ink contains 10,000 to 30,000 cells. The focus of much of this research is the eventual production of tailored tissues suitable for surgery, like living Band-Aids, which could be printed on the inkjet.

However, it is still nearly impossible to effectively replicate nature´s ingenious patterns on a home office accessory. Consider that the liver is a series of globules, the kidney a set of pyramids. Those kinds of structures demand 3D printers that can build them up, layer by layer. At the moment, skin and other flat tissues are most promising for the inkjet.

Disponível em: http://discovermagazine.com. Acesso em: 2 dez. 2012.

O texto relata perspectivas no campo da tecnologia para cirurgias em geral, e a mais promissora para este momento enfoca o(a)

a. uso de um produto natural com milhares de células para reparar tecidos humanos.
b. criação de uma impressora especial para traçar mapas cirúrgicos detalhados.
c. desenvolvimento de uma tinta para produzir pele e tecidos humanos finos.
d. reprodução de células em 3D para ajudar nas cirurgias de recuperação dos rins.
e. extração de glóbulos do fígado para serem reproduzidos em laboratório.

QUESTÃO 104

Disponível em: www.ct.gov. Acesso em: 30 jul. 2012 (adaptado)

Orientações à população são encontradas também em sites oficiais. Ao clicar no endereço eletrônico mencionado no cartaz disponível na internet, o leitor tem acesso aos(às)

a. ações do governo local referentes a calamidades.
b. relatos de sobreviventes em tragédias marcantes.
c. tipos de desastres naturais possíveis de acontecer.
d. informações sobre acidentes ocorridos em Connecticut.
e. medidas de emergência a serem tomadas em catástrofes.

QUESTÃO 105

BOGOF is used as a noun in "There are some great bogofs on at the supermarket" or an adjective, usually with a word such as "offer" or "deal" - "there are some great bogof offers in store."

When you combine the first letters of the words in a phrase or the name of an organization, you have an acronym. Acronyms are spoken as a word so NATO (North Atlantic Treaty Organisation) is not pronounced N-A-T-O. We say NATO. Bogof, when said out loud, is quite comical for a native speaker as it sounds like an insult, "Bog off!" meaning go away, leave me alone, slightly childish and a little old-fashioned.

BOGOF is the best-known of the supermarket marketing strategies. The concept was first imported from the USA during the 1970s recession, when food prices were very high. It came back into fashion in the late 1990s, led by big supermarket chains trying to gain a competitive advantage over each other. Consumers were attracted by the idea that they could get something for nothing. Who could possibly say "no"?

Disponível em: www.bbc.co.uk. Acesso em: 2 ago. 2012 (adaptado)

Considerando-se as informações do texto, a expressão "bogof" é usada para

a. anunciar mercadorias em promoção.
b. pedir para uma pessoa se retirar.
c. comprar produtos fora de moda.

d. indicar recessão na economia.

e. chamar alguém em voz alta.

De olho no Enem – Enem 2017

⁝ QUESTÃO 106

One of the things that made an incredible impression on me in the film was Frida´s comfort in and celebration of her own unique beauty. She didn´t try to fit into conventional ideas or images about womanhood or what makes someone or something beautiful. Instead, she fully inhabited her own unique gifts, not particularly caring what other people thought. She was magnetic and beautiful in her own right. She painted for years, not to be a commercial success or to be discovered, but to express her own inner pain, joy, family, love and culture. She absolutely and resolutely was who she was. The trueness of her own unique vision and her ability to stand firmly in her own truth was what made her successful in the end.

HUTZLER, L. Disponível em: www.etbscreenwriting.com

A autora desse comentário sobre o filme *Frida* mostra-se impressionada com o fato de a pintora

a. ter uma aparência exótica.

b. vender bem a sua imagem.

c. ter grande poder de sedução.

d. assumir sua beleza singular.

e. recriar-se por meio da pintura.

QUESTÃO 107

British Government to Recruit Teens as Next Generation of Spies

In the 50 years since the first James Bond movie created a lasting impression of a British secret agent, a completely different character is about to emerge. Britain´s intelligence agencies are to recruit their next generation of cyber spies by harnessing the talents of the "Xbox generation".

In an expansion of a pilot program, Foreign Secretary William Hague announced Thursday that up to 100 18-year-olds will be given the chance to train for a career in Britain´s secret services. The move to recruit school-leavers marks a break with the past, when agencies mainly drew their staff from among university graduates.

"Young people are the key to our country´s future success, just as they were during the War", Hague said. "Today we are not at war, but I see evidence every day of deliberate, organized attacks against intellectual property and government networks in the United Kingdom."

The new recruitment program, called the Single Intelligence Account apprenticeship scheme will enable students with suitable qualifications in science, technology or engineering, to spend two years learning about communications, security and engineering through formal education, technical training and work placements."

JEARY, P. Disponível em http://worldnews.nbcnews.com. Acesso em: 19 nov. 2012

Segundo informações veiculadas pela *NBC News*, a geração digital já tem seu espaço conquistado nas agências britânicas de inteligência. O governo britânico decidiu que

a. enfrentará a guerra vigente e deliberada contra a propriedade intelectual no Reino Unido.
b. abandonará a política de contratação de universitários como agentes secretos.

c. recrutará jovens jogadores de Xbox como ciberespiões das agências de inteligência.
d. implantará um esquema de capacitação de adolescentes para atuarem como agentes secretos.
e. anunciará os nomes dos jovens a serem contratados pelas agências de inteligência.

QUESTÃO 108

Reader's Digest, set. 1993.

Nesse texto publicitário são utilizados recursos verbais e não verbais para transmitir a mensagem. Ao associar os termos *anyplace* e *regret* à imagem do texto, constata-se que o tema da propaganda é a importância da

a. preservação do meio ambiente.
b. manutenção do motor.
c. escolha da empresa certa.
d. consistência do produto.
e. conservação do carro.

QUESTÃO 109

Letters

Children and Guns

Published: May 7, 2013

To the Editor: Re "Girl's Death by Gunshot is Rejected as Symbol" (news article, May 6):

I find it abhorrent that the people of Burkesville, Ky., are not willing to learn a lesson from the tragic shooting of a 2-year-old girl by her 5-year-old brother. I am not judging their lifestyle of introducing guns to children at a young age, but I do feel that it´s irresponsible not to practice basic safety with anything potentially lethal – guns, knives, fire and so on. How can anyone justify leaving guns lying around, unlocked and possibly loaded, in a home with two young children? I wish the family of the victim comfort during this difficult time, but to dismiss this as a simple accident leaves open the potential for many more such "accidents" to occur. I hope this doesn´t have to happen several more times for legislators to realize that something needs to be changed.

EMILY LOUBATON

Brooklyn, May 6, 2013

Disponível em: www.nytimes.com. Acesso em: 10 maio 2013

No que diz respeito à tragédia ocorrida em Burkesville, a autora da carta enviada ao *The New York Times* busca

a. reconhecer o acidente noticiado como um fato isolado.

b. responsabilizar o irmão da vítima pelo incidente ocorrido.

c. apresentar versão diferente da notícia publicada pelo jornal.

d. expor sua indignação com a negligência dos portadores de armas.

e. reforçar a necessidade de proibição do uso de armas por crianças.

QUESTÃO 110

Israel Travel Guide

Israel has always been a standout destination. From the days of the prophets to the modern day nomad this tiny slice of land on the eastern Mediterranean has long attracted visitors. While some arrive in the "Holy Land" on a spiritual quest, many others are on cultural tours, beach holidays and eco-tourism trips. Weeding through Israel's convoluted history is both exhilarating and exhausting. There are crumbling temples, ruined cities, abandoned forts and hundreds of places associated with the Bible. And while a sense of adventure is required, most sites are safe and easily accessible. Most of all, Israel is about its incredibly diverse population. Jews come from all over the world to live here, while about 20% of the population is Muslim. Politics are hard to get away from in Israel as everyone has an opinion on how to move the country forward – with a ready ear you're sure to hear opinions from every side of the political spectrum.

Disponível em: www.worldtravelguide.newt. Acesso em: 15 jun. 2012

Antes de viajar, turistas geralmente buscam informações sobre o local para onde pretendem ir. O trecho do guia de viagens de Israel

a. descreve a história desse local para que turistas valorizem seus costumes milenares.

b. informa hábitos religiosos para auxiliar turistas a entenderem as diferenças culturais.

c. divulga os principais pontos turísticos para ajudar turistas a planejarem sua viagem.

d. recomenda medidas de segurança para alertar turistas sobre possíveis riscos locais.

e. apresenta aspectos gerais da cultura do país para continuar a atrair turistas estrangeiros.

De olho no Enem – Enem 2018

QUESTÃO 111

GLASBERGEN, R. Disponível em: www.glasbergen.com.
Acesso em: 3 jul. 2015 (adaptado).

No cartum, a crítica está no fato de a sociedade exigir do adolescente que

a. se aposente prematuramente.
b. amadureça precocemente.
c. estude aplicadamente.
d. se forme rapidamente.
e. ouça atentamente.

QUESTÃO 112

Lava Mae: Creating Showers on Wheels for the Homeless

San Francisco, according to recent city numbers, has 4,300 people living on the streets. Among the many problems the homeless face is little or no access to showers. San Francisco only has about 16 to 20 shower stalls to accommodate them.
But Doniece Sandoval has made it her mission to change that. The 51-year-old former marketing executive started Lava Mae, a sort of showers on wheels, a new project that aims to turn decommissioned city buses into shower stations for the homeless. Each bus will have

two shower stations and Sandoval expects that they´ll be able to provide 2,000 showers a week.

ANDREANO, C. Disponível em: http://abcnews.go.com. Acesso em: 26 jun. 2015 (adaptado)

A relação dos vocábulos *shower, bus*, e *homeless,* no texto, refere--se a

a. empregar moradores de rua em lava jatos para ônibus.
b. criar acesso a banhos gratuitos para moradores de rua.
c. comissionar sem-teto para dirigir os ônibus da cidade.
d. exigir das autoridades que os ônibus municipais tenham ba-nheiros.
e. abrigar dois mil moradores de rua em ônibus que foram adaptados.

QUESTÃO 113

Texto I

A Free World-class Education for Anyone Anywhere

The Khan Academy is an organization on a mission. We´re a not--for-profit with the goal of changing education for the better by providing a free world-class education to anyone anywhere. All of the site´s resources are available to anyone. The Khan Academy´s materials and resources are available to you completely free of charge.

Disponível em www.khanacademy.org. Acesso em: 24 fev. 2012 (adaptado)

Texto II

I didn´t have a problem with Khan Academy site until very recently. For me, the problem is the way Khan Academy is being promoted. The way the media sees it as "revolutionizing education". The way people with power and money view education as simply "sit-and-get". If your philosophy of education is "sit-and-get", i.e., teaching is telling and learning is listening, then Khan Academy is way more efficient than classroom lecturing. Khan Academy does it better. But TRUE progressive educators, TRUE education visionaries and revolutionaries don't want to do these things better. We want to DO BETTER THINGS.

Disponível em: http://faoschese.wordpress.com. Acesso em: 2 mar. 2012.

Com o impacto das tecnologias e a ampliação das redes sociais, consumidores encontram na internet possibilidades de opinar sobre serviços oferecidos. Nesse sentido, o segundo texto, que é um comentário sobre o *site* divulgado no primeiro, apresenta a intenção do autor de

a. elogiar o trabalho proposto para a educação nessa era tecnológica.

b. reforçar como a mídia pode contribuir para revolucionar a educação.

c. chamar a atenção das pessoas influentes para o significado da educação.

d. destacar que o *site* tem melhores resultados do que a educação tradicional.

e. criticar a concepção de educação em que se baseia a organização.

QUESTÃO 114

Don't write in English, they said.

English is not your mother tongue...

...The language I speak

Becomes mine, its distortions, its queerness

All mine, mine alone, is half English, half

Indian, funny perhaps, but it is honest,

It is as human as I am honest...

...It voices my joys, my longings my

Hopes...

(Kamala Das, 1965:10)

> GARGESH, R. South Indian Englishes. In: KACHRU, B. B; KACHRU Y.; NELSON, C.I. (Eds)
> The Handbook of World Englishes, Singapore: Blackwell, 2006

A poetisa Kamala Das, como muitos escritores indianos, escreve suas obras em inglês, apesar de essa não ser sua primeira língua. Nesses versos, ela

a. usa a língua inglesa com efeito humorístico.

b. recorre a vozes de vários escritores ingleses.

c. adverte sobre o uso distorcido da língua inglesa.

d. demonstra consciência de sua identidade linguística.

e. reconhece a incompreensão na sua maneira de falar inglês.

QUESTÃO 115

1984 (excerpt)

"It is your opinion, Winston, that the past has real existence? ( )
O'Brien smiled faintly. "I will put it more precisely. Does the past exist concretely, in space? Is there somewhere or other a place, a world of solid objects, where the past is still happening?"
"No."
"Then where does the past exist, if at all?"
"In records. It is written down."
"In records. And --- ?"
"In the mind. In human memories."
"In memory. Very well, then. We, the Party, control all records, and we control all memories. Then we control the past, do we not?"

> ORWELL, G. Nineteen Eighty-Four, New York: Signet Books, 1977.

O romance *1984* descreve os perigos de um Estado totalitário. A ideia evidenciada nessa passagem é que o controle do Estado se dá por meio do(a)

a. boicote a ideais libertários.

b. veto ao culto das tradições.

c. poder sobre memórias e registros.

d. censura a produções orais e escritas.

e. manipulação de pensamentos individuais.

Respostas e Comentários

Prova de Inglês – Enem 2015
Questão 96 – Notice of Baggage Inspection
c. informar que a mala foi revista pelos oficiais de segurança
Comentário: Como acontece com frequência nas provas do Enem, mais uma vez a alternativa correta corresponde às frases iniciais do texto. Neste caso no segundo parágrafo: "Como parte deste processo, algumas malas são abertas e inspecionadas fisicamente. A sua mala estava entre as que foram selecionadas para inspeção física."

Questão 97 – My brother the star, (...)
d. importância dos elementos da natureza.
Comentário: Os elementos da natureza que podemos encontrar no poema (*star, earth, sun, moon*) são citados como se fossem membros da família (*brother, mother, father, sister*), responsáveis por fornecerem tudo o que poeta considera importante para a sua vida.

Questão 98 – Tira da série *For better or for worse*
e. as duas amigas atribuem sentidos diferentes à palavra *season*.
Comentário: *Season* pode ter dois sentidos: estação do ano (primavera, verão, etc.) e temporada (esportiva, cultural, artística, etc.). Uma das amigas, no primeiro quadrinho diz que odeia aquela *season*, no sentido de temporada (de futebol), enquanto a outra acha que ela se refere à estação do ano (no caso o outono, com suas características: férias das crianças, ar fresco, as folhas das árvores mudando de cor). Nessa conversa as duas atribuem sentidos diferentes à palavra *season*, alternativa e.

Questão 99 – Why am I compelled to write?
a. razões pelas quais ela escreve.
Comentário: O texto abre com uma pergunta com *Why* (Por que?) e segue com quatro frases iniciadas com *Because* (Porque...), em que a autora lista as razões pelas quais ela escreve.

Questão 100 – How fake images change our memory and behaviour
a. alteração de imagens.

22 · Inglês para o Enem

Comentário: A resposta pode ser encontrada no próprio título: Como as imagens falsas, alteradas, podem mudar a nossa memória e o nosso comportamento. A expressão-chave, nesse caso, é *fake news*: imagens falsas, alteradas.

Prova de Inglês - Enem 2016
Questão 101 – Italian university switches to English
d. substituir a língua nacional para se inserir no contexto da globalização
Comentário: Mais uma vez, a resposta pode ser encontrada no título: Universidade italiana muda, troca para Inglês. A palavra-chave, nesse caso, é *switches (to):* muda, troca (para).

Questão 102 – Ebony and ivory
e. o respeito étnico. Nesta questão a *topic sentence* (frase essencial do texto, que resume a sua mensagem) pode ser encontrada logo no início: O ébano e o marfim (símbolos de pessoas com cor de pele diferente entre si, mais escura ou mais clara) vivem juntos em perfeita harmonia, lado a lado, no teclado do meu piano... O respeito à diversidade étnica é um tema recorrente nas provas de inglês do Enem. Com frequência há uma questão abordando esse tema, quase sempre com base em um poema ou letra de música popular.

Questão 103 – Frankentissue: printable cell technology
c. desenvolvimento de uma tinta para produzir pele e tecidos humanos finos. Comentário: Mais uma vez, a resposta pode ser encontrada logo no início do texto: pesquisadores da Universidade de Wollongong, na Austrália, anunciaram a descoberta de uma bio-tinta que é um avanço para a impressão de tecido humano vivo em uma impressora jato-de-tinta.

Questão 104 - Connecticut Guide to Emergency
e. medidas de emergência a serem tomadas em catástrofes.
Comentário: O cartaz reproduzido traz a foto com o título *Guide to Emergency Preparedness*: Guia de Preparação para Emergências. A resposta está aí e a palavra-chave é *emergency.*

Questão 105 – BOGOF
a. anunciar mercadorias em promoção. Mais uma questão em que o início do texto é o caminho direto para a resposta certa. O primeiro parágrafo explica o uso de *bogof* como substantivo e também como adjetivo para anunciar produ-

tos em promoção em um supermercado. Podemos acrescentar que *bogof* é um acrônimo, formado pelas primeiras letras da expressão *Buy One Get One Free* (Compre Um, Leve Outro de Graça), mas a informação sobre o significado literal do acrônimo, infelizmente, não é dada no texto.

Prova de Inglês - Enem 2017
Questão 106 – Frida
d. assumir sua beleza singular. Mais uma vez a resposta pode ser encontrada no início do texto. A *topic sentence* é a que dá início ao texto, assim: Uma das coisas que me impressionou incrivelmente no filme foi a forma confortável e festiva com que Frida assumia a sua beleza singular.

Questão 107 – British Government to Recruit Teens as Next Generation of Spies
d. implantará um esquema de capacitação de adolescentes para atuarem como agentes secretos.
Comentário: O título do texto já informa sobre o recrutamento de adolescentes pelo governo britânico para a formação de uma nova geração de espiões. E no último parágrafo, a partir de *The new recruitment program* é descrito como funciona o novo programa de recrutamento.

Questão 108 – Take your car just anyplace for an oil change, and you may regret it down the road.
c) escolha da empresa certa.
Comentário: as palavras-chave são *anyplace* (qualquer lugar) e *regret* (arrepender-se).

Questão 109 – Letters
d. expor sua indignação com a negligência dos portadores de armas.
Comentário: Mais uma vez a resposta correta pode ser encontrada no início do texto. Na *topic sentence "I find it abhorrent .... etc."* a autora da carta ao editor do jornal deixa clara sua indignação, quando diz considerar abominável (*abhorrent)* que as pessoas envolvidas naquela tragédia sejam tão negligentes.

Questão 110 – Israel Travel Guide
e. apresenta aspectos gerais da cultura do país para continuar a atrair turistas estrangeiros.

Comentário: Nesta questão, chega-se à alternativa correta por um processo de eliminação. As alternativas a), b), c) e d) não são corroboradas pelas informações do texto, sendo a última alternativa a única válida.

Prova de Inglês - Enem 2018

Questão 111
b. amadureça precocemente. As três primeiras frases ditas por um dos jovens batem na mesma tecla: cobrança por maturidade, mesmo que antes do tempo.

Questão 112 – Lava Mae: Creating Showers on Wheels for the Homeless
b. criar acesso a banhos gratuitos para moradores de rua. Também por eliminação, a única alternativa válida de acordo com o texto é a b.

Questão 113 – Texto I e Texto II
e. criticar a concepção de educação em que se baseia a organização.
Comentário: A resposta é encontrada no final do Texto II, no trecho que começa com *But*: Mas os VERDADEIROS educadores progressistas, os VERDADEIROS visionários e revolucionários da educação não querem fazer essas coisas melhor. Nós queremos FAZER COISAS MELHORES.

Questão 114 – Poema de Kamala Das
d. demonstra consciência de sua identidade linguística.
Comentário: A resposta aparece com maior evidência nos versos em que a poetisa diz, em relação à língua que usa: "Toda minha, só minha, metade inglês, metade indiano, talvez engraçada, mas é honesta, sincera."

Questão 115 – 1984 (Excerpt)
c. poder sobre memórias e registros.
Comentário: A resposta aparece, claramente, ao final do trecho extraído do romance 1984: "Na memória. Muito bem, então. Nós, o Partido, controlamos todos os registros e controlamos todas as memórias. Então nós controlamos o passado, não é assim?"